竹枝词名篇译注

——孙旭升名篇译注系列之四

ZHUZHICI MINGPIAN YIZHU

孙旭升 译注

上海书店出版社
SHANGHAI BOOKSTORE PUBLISHING HOUSE

小　序

竹枝词也是中国诗歌园地里的一个品种,由民歌与唐诗嫁接而成,既不像民歌,譬如《诗经》里的"国风";"国风"是长短句,它却是以七言四句为主体;又不像唐诗,因为"泛咏风土"和"稍涉俳调",在唐诗里没有这么多。历来论竹枝词的人多了,我以为还是清人王士禛说得较为简明:

> 竹枝泛咏风土,琐细诙谐皆可入,大抵以风趣为主,与绝句迥别(《师友诗传续录》)。

从刘梦得到现在,竹枝词已经流行了千余年,其历程不妨用"起承转合"四个字来说明。刘梦得是开创者,写的是西南一带高山大谷间的风土人情。白居易写的不多,但是影响很大。两宋基本上遵循唐代的遗风,可以举苏轼、黄庭坚、杨万里做代表。到了元代,区域东移,由高山大谷向平原湖泊发展,杨维桢的《西湖竹枝词》一出,和者甚众,几乎是诗人就没有不写竹枝词的。当然,也有人表示不满,以为他与"淇濮之艳"走得太近。不过无论如何,竹枝词到他手里就变了一个样,这是事实。

在《西湖竹枝词》为众人所热捧之际,苏州的薛兰英姐妹俩也想有所构属,她们笑着说:"西湖有《竹枝曲》,东湖独无《竹枝曲》乎!"于是就地取材,也写了《苏台竹枝曲》十章,而且跟《西湖竹枝词》一样的为人所传诵。薛氏姐妹可以写她们的东湖

（其实并无这个湖），别人自然也不妨写他们的南湖（鸳鸯湖）、鉴湖、太湖……。清初朱彝尊（号竹垞）《鸳鸯湖棹歌》的创作，也许是受了《苏台曲》的启发，但总之它的影响特别大，超过杨维桢的《西湖竹枝词》。近人周作人写《关于竹枝词》，里面就提到这件事：

> 元明之间所作亦不甚少，唯清初朱竹垞的《鸳鸯湖棹歌》出，乃更有名，竹枝词之盛行于世，实始于此。竹垞作《棹歌》在康熙甲寅，谭石舟和之，至乾隆甲午，陆和仲、张芑堂又各和作百首，蔚成巨册，前后相去正一百年，可谓盛事。此后作者甚多，纪晓岚的《乌鲁木齐杂诗》与蔡铁耕的《吴歈百绝》，可以算是特别有意味之作。百咏之类当初大抵只是简单的诗集，偶尔有点小注或解题，后来注渐增多，不但说明本事，为读诗所必需，而且差不多成为当然必具的一部分，写得好的时候往往如读风土小记，或者比原诗还要觉得有趣味。

至此，竹枝词可谓已经达到顶峰。常言道，盛极必衰，要么再变再通，要么从此衰竭。竹枝词恐怕未必就此衰竭，然而时至民国，特别是"五四"新文化运动以后，白话诗已经崭露头角，不仅竹枝词（别的古典文学也一样）少有人读，连写的人也已经为数不多，所以竹枝词也就不得不告一段落。这也就是我上面所说的"合"。

我爱读竹枝词，尤其看重它泛咏风土这一点。因为这在别的诗歌中是少有的。我也对其中反映本地风光的田园诗感到兴趣。我喜欢旅游，但是退休后万事俱备只欠体力，所以就只好采用古人所说的"卧游"之一法。读着各地的竹枝词，就像跑到各地去看风景;它们写的虽然都是过去的农村,但也正是现在所缺乏的。在建设新农村的过程中,尽管上头一再强调,要保持原有的风格,而事实上总是推倒重来居多数,因此就往往变成了洋味十足的中国西洋村。前不久山东有位民俗学者不是慨叹"有故乡而无故土"吗?我以为竹枝词可以弥补一部分。不是我的故乡,但中国"自然村"的格局都是差不多的,所以见了它们,就会有一种似曾相识的亲切感。清人沈宸桂有一首写故乡绍兴马鞍山的竹枝词云:

三月安山春色赊,沿村桃李斗繁华。
老人无力寻芳去,策杖篱边看菜花。

老人看菜花,我看老人看菜花,不是都一样的很有意思吗?有的人以为竹枝词通俗易懂,通俗是事实,易懂却未必。竹枝词承接民歌的传统,喜欢用比兴的手法,有的诗人又随意发挥,所谓"羚羊挂角,无迹可求"。要是碰到这样的诗,就只有按字面去解释,虽然不中,当无大过。总之,通俗易懂不是缺点,还应当说是优点才对。有的人写诗很难让人看得懂,究其原因不外乎二,一是错看了诗,以为诗一定是高深莫测的,于是就"以艰深(文字)文浅陋(内容)"起来。二是文字的功力不足,纵有诗意,也很难明白晓畅地表达出来。如果犯有这种毛病,我想读读竹枝词是会有好处的。

2014年除夕写于杭州孩儿巷寓居

目 录

小 序 …………………………………………（1）

顾 况
1. 帝子苍梧不复归 …………………………（1）

刘禹锡
2. 白帝城头春草生 …………………………（2）
3. 山桃红花满上头 …………………………（3）
4. 瞿塘嘈嘈十二滩 …………………………（3）
5. 山上层层桃李花 …………………………（4）

白居易
6. 瞿塘峡口水烟低 …………………………（5）
7. 竹枝苦怨怨何人 …………………………（5）
8. 巴东船舫上巴西 …………………………（6）

李 涉
9. 荆门滩急水潺潺 …………………………（7）
10. 石壁千重树万重 …………………………（8）
11. 十二山晴花尽开 …………………………（8）

蒋 吉
12. 巡堤听唱竹枝词 …………………………（10）

孙光宪
13. 门前春水白萍花 …………………………（11）

苏　轼
　　14. 苍梧山高湘水深 ……………………………（12）
　　15. 水滨击鼓何喧阗 ……………………………（13）
　　16. 三户亡秦信不虚 ……………………………（13）
　　17. 富贵荣华岂足多 ……………………………（14）
苏　辙
　　18. 扁舟日落驻平沙 ……………………………（15）
　　19. 俚人风俗非中原 ……………………………（15）
　　20. 去家千里未能归 ……………………………（16）
黄庭坚
　　21. 撑崖拄谷蝮蛇愁 ……………………………（17）
　　22. 浮云一百八盘萦 ……………………………（18）
　　23. 塞上柳枝且莫歌 ……………………………（18）
　　24. 竹竿坡面蛇倒退 ……………………………（19）
　　25. 勃姑夫妇喜相唤 ……………………………（20）
陆　游
　　26. 白襦女儿系青裙 ……………………………（21）
范成大
　　27. 赤甲白盐碧丛丛 ……………………………（22）
　　28. 瘿妇趁墟城里来 ……………………………（22）
　　29. 白头老媪簪红花 ……………………………（23）
　　30. 白帝庙前无旧城 ……………………………（24）
杨万里
　　31. 穷崖绝嶂入云天 ……………………………（25）
　　32. 绝怜山崦两三家 ……………………………（25）
　　33. 绝壁临江千余尺 ……………………………（26）
　　34. 大矶愁似小矶愁 ……………………………（27）

35. 龟鱼到此总回头 …………………………………（27）

36. 小郎滩下大郎滩 …………………………………（28）

李 垣

37. 封崇岭上细腰宫 …………………………………（29）

汪元量

38. 贾谊祠前酹酒尊 …………………………………（30）

39. 白头渔父白头妻 …………………………………（31）

刘 诜

40. 三月四月江南村 …………………………………（32）

卢 浩

41. 记郎别时风飕飕 …………………………………（33）

张 雨

42. 临湖门外是侬家 …………………………………（34）

43. 光尧内禅罢言兵 …………………………………（34）

胡 助

44. 病卒携筐拾堕薪 …………………………………（36）

45. 马通火软穴居温 …………………………………（36）

宋 褧

46. 第一鹅黄映晓烟 …………………………………（38）

47. 夹道青青到凤城 …………………………………（38）

48. 齐化门东醉别时 …………………………………（39）

49. 正月二日不曾晴 …………………………………（40）

50. 菜花一尺篱门开 …………………………………（40）

杨维桢

51. 潮来潮退白洋沙 …………………………………（42）

52. 门前海坍到竹篱 …………………………………（42）

53. 苏小门前花满株 …………………………………（43）

54. 石新妇下水连空 …………………………（44）

朱　庸

55. 小姑疑郎去不归 …………………………（45）
56. 阿奴采莲湖上舟 …………………………（45）

倪　瓒

57. 钱王墓田松柏稀 …………………………（47）
58. 湖边女儿红粉妆 …………………………（47）
59. 春愁如雪不能消 …………………………（48）

于　立

60. 侬家住在涌金门 …………………………（50）
61. 杨柳枝头双勃鸪 …………………………（50）

曹妙清

62. 美人绝似董娇娆 …………………………（52）

张妙净

63. 忆把明珠买妾时 …………………………（53）

袁德裕

64. 白沙翠树绕江村 …………………………（54）

成廷珪

65. 荞麦花开如白烟 …………………………（55）

薛兰英

66. 馆娃宫中麋鹿游 …………………………（56）
67. 门泊东吴万里船 …………………………（57）
68. 荻芽抽笋楝花开 …………………………（57）
69. 杨柳青青杨柳黄 …………………………（58）
70. 翡翠双飞不待呼 …………………………（59）
71. 一绾凤髻绿如玉 …………………………（60）

马　贯
　　72. 吴姬轧轧小车红 …………………………（61）
徐梦吉
　　73. 雷峰港口晚凉天 …………………………（62）
纳　延
　　74. 梅花一树大桥边 …………………………（63）
宋　濂
　　75. 不敢劝郎瓮头春 …………………………（64）
　　76. 恋郎思郎非一朝 …………………………（64）
刘　基
　　77. 相思无益莫相思 …………………………（66）
　　78. 潇湘江水接天河 …………………………（66）
　　79. 阳台云雨漫荒唐 …………………………（67）
　　80. 荣华未必是荣华 …………………………（68）
　　81. 昨夜星光照湿泥 …………………………（68）
丁　麟
　　82. 涌金门外春水多 …………………………（70）
王　佐
　　83. 莫笑风前两鬓丝 …………………………（71）
谢　晋
　　84. 水面风来浪簇花 …………………………（72）
杨士奇
　　85. 牵车驰马夜无停 …………………………（73）
　　86. 千车万骑度关山 …………………………（73）
沈　周
　　87. 吴江长桥如长虹 …………………………（75）

顾　清

　　88. 三月吴江柳正青 …………………………（76）
　　89. 四月吴江正插秧 …………………………（77）
　　90. 六月吴江锦作天 …………………………（77）
　　91. 九月吴江空水鲜 …………………………（78）
　　92. 腊月吴江更自妍 …………………………（78）

顾　璘

　　93. 利斧樵山得大枝 …………………………（80）
　　94. 近林萧条无可薪 …………………………（80）

何景明

　　95. 十二峰头秋草荒 …………………………（82）

杨　慎

　　96. 夔州府城白帝西 …………………………（83）
　　97. 江头秋色换春风 …………………………（83）
　　98. 最高峰顶有人家 …………………………（84）
　　99. 无义滩头风浪收 …………………………（84）

邵圭洁

　　100. 鱼尾晴霞片片明 …………………………（86）

沈明臣

　　101. 青黄梅气暖凉天 …………………………（87）

徐　渭

　　102. 杏子红衫一女郎 …………………………（88）
　　103. 越女红裙娇石榴 …………………………（88）

王叔承

　　104. 月出江头半掩门 …………………………（90）
　　105. 白帝城高秋月明 …………………………（90）
　　106. 杨柳青青酒店门 …………………………（91）

屠　隆

　　107. 龙丘少年美丰姿 …………………………（92）

　　108. 木槿编笆土筑墙 …………………………（92）

周履靖

　　109. 夜来春雨溢春田 …………………………（94）

费尚伊

　　110. 瞿塘江上水涟如 …………………………（95）

　　111. 郎去东吴妾在家 …………………………（95）

袁宏道

　　112. 贾客相逢倍惘然 …………………………（97）

　　113. 雪里山茶取次红 …………………………（98）

王思任

　　114. 艳阳一窦淡中妆 …………………………（99）

伍瑞隆

　　115. 蝴蝶花开蝴蝶飞 …………………………（100）

卓发之

　　116. 白公堤畔草离离 …………………………（101）

卓人月

　　117. 两岸高楼倚白榆 …………………………（102）

徐世溥

　　118. 向西小县半无城 …………………………（103）

黄周星

　　119. 山川不朽仗英雄 …………………………（104）

杜　濬

　　120. 谁家少妇一身新 …………………………（105）

　　121. 马上谁家白面郎 …………………………（105）

　　122. 老店驰名刘鹤家 …………………………（106）

方 文

- 123. 侬家住在大江东 …………………… (108)
- 124. 春水新添几尺波 …………………… (108)
- 125. 楼上春风吹小窗 …………………… (109)
- 126. 清晨旅舍降婵娟 …………………… (109)
- 127. 牛车无数塞天街 …………………… (110)
- 128. 自昔觯裘与酪浆 …………………… (111)
- 129. 老妇樵苏力已衰 …………………… (111)
- 130. 故老田居好是闲 …………………… (112)

卜舜年

- 131. 无端秋雨打残荷 …………………… (113)

李邺嗣

- 132. 蓼风吹过气初凉 …………………… (114)
- 133. 郯地原因贸易名 …………………… (114)
- 134. 家居只是守耕桑 …………………… (115)

佚 名

- 135. 扬州女儿忒风流 …………………… (116)
- 136. 不弄金针不绩麻 …………………… (116)
- 137. 相约来朝去踏青 …………………… (117)

胡 介

- 138. 郎住前溪妾后溪 …………………… (118)

王士禄

- 139. 日夕湖头霁景间 …………………… (119)
- 140. 儿家住近傍湖村 …………………… (119)
- 141. 渡头向晓聚兰桡 …………………… (120)

朱彝尊

- 142. 穆湖莲叶小于钱 …………………… (122)

143. 姑恶飞鸣触晓烟 …………………………… (122)

144. 湖面莼丝寸寸长 …………………………… (123)

屈大均

145. 巫山十二一峰无 …………………………… (124)

彭孙遹

146. 木棉花上鹧鸪啼 …………………………… (125)

147. 一自萧郎爱远游 …………………………… (125)

王士禛

148. 玉水轻阴夹绿槐 …………………………… (127)

149. 锦官城东内江流 …………………………… (128)

150. 蜀道艰难易白头 …………………………… (128)

151. 潮来濠畔接江波 …………………………… (129)

张　英

152. 节近清明看赛会 …………………………… (130)

153. 五月龙舟水神庙 …………………………… (130)

万斯同

154. 望春桥上望春波 …………………………… (132)

155. 鄞俗由来不尚华 …………………………… (132)

金　烺

156. 十三学画学围棋 …………………………… (134)

高士奇

157. 鸦髻盘云插翠翘 …………………………… (135)

158. 百物争先上市夸 …………………………… (135)

孔尚任

159. 金桥玉洞隔凡尘 …………………………… (137)

160. 结伴儿童裤褶红 …………………………… (137)

161. 桥下坟园岭下庄 …………………………… (138)

查慎行
    162. 瓷石硍硍转辘轳 …………………………………（139）
    163. 棕榈叶瘦芭蕉肥 …………………………………（140）

马寿谷
    164. 郎在杭州妾秀州 …………………………………（141）

李孚青
    165. 清明佳节柳条拖 …………………………………（142）

郭钟岳
    166. 妾家少小住温州 …………………………………（143）
    167. 瘦人天气是春寒 …………………………………（143）

郑　燮
    168. 三更灯火不曾收 …………………………………（145）
    169. 水流曲曲树重重 …………………………………（145）
    170. 连云甲第尚书府 …………………………………（146）
    171. 城上春云拂画楼 …………………………………（147）
    172. 泪眼今生永不干 …………………………………（147）
    173. 东家贫儿西家仆 …………………………………（148）
    174. 关东逃户几人归 …………………………………（148）

李环浦
    175. 黄木湾深粉蝶飞 …………………………………（150）
    176. 古墓为田长素馨 …………………………………（150）

程宗洛
    177. 长幡飘动绕炉香 …………………………………（152）

刘文蔚
    178. 玉绳依约挂银钩 …………………………………（153）

全祖望
    179. 上山试采蕺山蕺 …………………………………（154）

180. 白杨梅熟甘于蜜 …………………………………… (154)

钱 琦

181. 竹舍茅檐似画图 …………………………………… (156)

袁 枚

182. 葛岭花开二月天 …………………………………… (157)

183. 飞飞小艇惯穿云 …………………………………… (157)

184. 一家女儿迎新郎 …………………………………… (158)

185. 笙歌迢递入云端 …………………………………… (159)

王鸣盛

186. 安亭村径傍清渠 …………………………………… (160)

187. 望仙桥畔尽渔家 …………………………………… (160)

梁同书

188. 细马轻车巷陌腾 …………………………………… (162)

189. 人海中间是乐棚 …………………………………… (162)

纪 昀

190. 山田龙口引泉浇 …………………………………… (164)

191. 鸡栅牛栏映草庐 …………………………………… (164)

192. 半带深青半带黄 …………………………………… (165)

陈 璨

193. 汴水宫墙绿草肥 …………………………………… (166)

194. 冤魂沉埋郁未伸 …………………………………… (167)

195. 蚕娘辛苦在三春 …………………………………… (167)

196. 马塍红紫竞春纤 …………………………………… (168)

197. 清明土步鱼初美 …………………………………… (169)

198. 猫头解箨燕雏肥 …………………………………… (169)

199. 王坟蚕豆鹦哥绿 …………………………………… (170)

蒋士铨
 200. 小巷乌衣旧姓王 …………………………… (171)
 201. 灵芝门是旧宫门 …………………………… (171)

毕　沅
 202. 相约来朝往趁墟 …………………………… (173)
 203. 榕阴满地绿于苔 …………………………… (173)
 204. 常云病是鬼揶揄 …………………………… (174)

杨米人
 205. 衣冠楚楚上前街 …………………………… (176)

杨　抡
 206. 舍南舍北近官塘 …………………………… (177)
 207. 何幸如花受重名 …………………………… (177)

黄　霆
 208. 名流托迹在江乡 …………………………… (179)
 209. 满天霜雪尚鸣机 …………………………… (179)

郝懿行
 210. 击筑悲歌燕市空 …………………………… (181)

蔡家琬
 211. 春到江南春亦愁 …………………………… (182)
 212. 板桥西畔夕阳斜 …………………………… (182)

郎葆辰
 213. 十里雷塘风景饶 …………………………… (184)

舒　位
 214. 豆蔻梢头月如钩 …………………………… (185)
 215. 埋骨青山隔几春 …………………………… (185)

瞿中溶
 216. 织布闲时即纺纱 …………………………… (187)

217. 田地而今利更微 …………………………… (187)
查揆
218. 虎坊桥畔引车来 …………………………… (189)
王培荀
219. 临江半是钓人居 …………………………… (190)
220. 明月楼头且醉眠 …………………………… (191)
王大淮
221. 盈盈渌水浸荷花 …………………………… (192)
222. 绿杨深处掩湖光 …………………………… (192)
林则徐
223. 桑椹才肥杏又黄 …………………………… (194)
鲁忠
224. 遮翠山头卜一橡 …………………………… (195)
得硕亭
225. 饭馆俱将雅座添 …………………………… (196)
226. 苏松小馆亦堪夸 …………………………… (196)
227. 黄瓜初见比人参 …………………………… (197)
228. 名班小曲最迷人 …………………………… (198)
佚名
229. 廿四桥头又夕阳 …………………………… (199)
230. 武定桥连文德桥 …………………………… (199)
李于璜
231. 明珠的的价难酬 …………………………… (201)
沈金生
232. 泥人天气可怜宵 …………………………… (202)
沈香岩
233. 三月安山春色赊 …………………………… (203)

234. 桑麻屋舍任西东 …………………………………… (203)

235. 老妻扶杖念弥陀 …………………………………… (204)

潘焕龙

236. 柴门曲曲枕江流 …………………………………… (205)

237. 弱女纤腰柳不如 …………………………………… (205)

阮　先

238. 平常青菜费张罗 …………………………………… (207)

周光祖

239. 瓜皮小艇出西城 …………………………………… (208)

240. 青田湖岸路欹斜 …………………………………… (208)

完颜崇实

241. 连天枯草白于霜 …………………………………… (210)

242. 沙山顷刻自迁移 …………………………………… (210)

243. 遥看蚁阵黑纷纷 …………………………………… (211)

罗　颙

244. 万姓乡民唤奈何 …………………………………… (212)

褚维垲

245. 燕市箫声乞食来 …………………………………… (213)

246. 一枝筇竹托行踪 …………………………………… (213)

247. 沙土疏松木易栽 …………………………………… (214)

248. 谁言嗜味本相同 …………………………………… (215)

许　锷

249. 三月溪边事事幽 …………………………………… (216)

250. 卢家浜口竹编门 …………………………………… (216)

251. 莺梭燕剪扑花梢 …………………………………… (217)

252. 沼吴功就载西施 …………………………………… (218)

李慈铭
　　253. 越王台畔柳垂垂 …………………………… (219)

孙　垓
　　254. 南湖白小论斗量 …………………………… (220)

蒲椿泉
　　255. 盼到城中赶会时 …………………………… (221)

方鼎锐
　　256. 清明扫墓似游湖 …………………………… (222)

黄慕宪
　　257. 行尽南塘更北塘 …………………………… (223)
　　258. 水郭烟村路几叉 …………………………… (223)

刘继增
　　259. 侬家生小二泉东 …………………………… (225)
　　260. 乘兴登高不容扶 …………………………… (225)

黄遵宪
　　261. 人人要结后生缘 …………………………… (227)
　　262. 自剪青丝打着条 …………………………… (227)

马宝瑛
　　263. 波光八百鉴平铺 …………………………… (229)
　　264. 王氏兰亭碧藓凝 …………………………… (229)
　　265. 入剡名山罨四围 …………………………… (230)

易顺鼎
　　266. 无义滩高自可愁 …………………………… (231)
　　267. 香溪人去几时归 …………………………… (231)

丘逢甲
　　268. 唐山流寓话巢痕 …………………………… (233)
　　269. 宰相有权能割地 …………………………… (234)

吴子丹
　　270. 嫣红姹紫绕山家 …………………………（235）

徐　涵
　　271. 簖头紫蟹胜分湖 …………………………（236）
　　272. 冬来喜见稻登场 …………………………（236）

胡保泰
　　273. 梅园十里路横斜 …………………………（238）
　　274. 玉版黄花出破塘 …………………………（238）

柯兰锜
　　275. 百橼堂外过人稀 …………………………（240）
　　276. 迎帆小阁水中央 …………………………（240）

史载熙
　　277. 岭上家家掘地瓜 …………………………（242）
　　278. 风雨连宵透竹帘 …………………………（242）

陶月山
　　279. 钱塘太守醉西湖 …………………………（244）
　　280. 十景塘边是姜家 …………………………（244）

佚　名
　　281. 唯有黎民最可怜 …………………………（246）
　　282. 犹嘉贼令甚严明 …………………………（246）
　　283. 岂无一二效纯臣 …………………………（247）

佚　名
　　284. 白薯传来自远番 …………………………（248）
　　285. 辣菜何人始发明 …………………………（249）

佚　名
　　286. 水陆交驰应试来 …………………………（250）
　　287. 谋得馆时盼馆开 …………………………（250）

青毡生
- 288. 一岁脩金十二千 …………………… (252)
- 289. 最难得是口头肥 …………………… (252)

宋梦良
- 290. 过节春分卖海螺 …………………… (254)
- 291. 直把南瓜号饭瓜 …………………… (254)
- 292. 嫁妆充牣溢门阑 …………………… (255)
- 293. 竹篱茅舍几人家 …………………… (255)

张云锦
- 294. 着意寻春候好风 …………………… (257)

陈祖昭
- 295. 浣纱石上浣轻纱 …………………… (258)
- 296. 天池十尺改庭阶 …………………… (258)

钱梦峰
- 297. 文戏丝弦最动情 …………………… (260)
- 298. 偏是村夫识戏文 …………………… (261)

石方洛
- 299. 四月村村麦饼香 …………………… (262)

边中宝
- 300. 腰缠万贯上扬州 …………………… (263)

汪述祖
- 301. 阿母教将针线拈 …………………… (264)
- 302. 东家嫁女富钱帛 …………………… (264)

陆拱斗
- 303. 桃符春帖换门前 …………………… (266)

周　斌
- 304. 薄荷冰浸石华鲜 …………………… (267)

305. 星星蟹火籪横斜 …………………………………（268）
306. 春残水果价逢廉 …………………………………（268）
307. 迎虎迎猫典不刊 …………………………………（269）
308. 土园新笋透泥尖 …………………………………（270）
309. 四腮缩项漫相夸 …………………………………（270）

沈　云

310. 北通莺脰又分湖 …………………………………（272）
311. 半畦腴翠曝茅檐 …………………………………（272）
312. 汤家汇里斗山歌 …………………………………（273）

孔庆镕

313. 恭喜声声语吉祥 …………………………………（275）
314. 豌读为安谐俗韵 …………………………………（275）

附　录:往昔三十首　思衡 …………………………（277）

顾况(约725—约816),字逋翁,号华阳山人,又号悲翁,排行十二,唐苏州海盐(今属浙江省)人。肃宗至德间进士及第,曾官韩滉节度判官、著作郎。德宗贞元三年,柳浑辅政,顾为校书郎;李泌继入,迁为著作郎(一说著作佐郎)。贞元五年,柳、李相继去世,顾乃为众所排,贬为饶州司户参军。途经苏州、杭州、睦州、信州,与当地刺史韦应物、房孺复、韦偶、刘太真相唱和。贞元十年,返苏州,定居茅山。曾来往湖州、扬州、宣州、嘉兴、常熟等地,约卒于宪宗元和十一年。顾况工于书画,长于诗歌,著有《画评》、《华阳集》。

1. 帝子苍梧不复归①

帝子苍梧不复归, 洞庭叶下荆云飞②。
巴人夜唱竹枝后③,肠断晓猿声渐稀④。

① 选自唐顾况《竹枝曲》(《全唐诗》卷二百六十七)。帝子:舜的两个妃子,原是尧的女儿,故曰帝子。《楚辞·湘夫人》:"帝子降兮北渚。"《注》:"帝子,谓尧女也。"舜崩于九疑,二妃便来找他。后来也死在南方。苍梧:山名。又名九疑。相传舜葬于苍梧之野。地在今湖南宁远县境。

② 荆:国名,亦山名。春秋楚国的古称。楚原建国于荆山(山在湖北南漳县西)一带,故名。《水经注·江水》:"江水又东历荆门、虎牙之间,荆门在南,上合下开,暗彻山南,有门像虎牙在此。"

③ 巴:古国名。位于今重庆市及四川省东部一带地方。为秦惠文王所灭,置巴蜀和汉中郡。

④ 肠断:即"断肠",形容悲痛之极。

【译文】

    王妃死在洞庭湖边,
    黄叶飘零暮云低垂。
    巴人整夜唱着竹枝歌,
    就是猿猴听了心也碎。

刘禹锡(772—842),字梦得,洛阳(今属河南省)人。德宗贞元九年进士,官太子校书、监察御史。后因王叔文事贬为郎州(今属湖南省)司马。宪宗元和十年召还,又贬连州(今属四川省)刺史。晚为太子宾客,加检校礼部尚书。禹锡在郎州,曾仿民歌作《竹枝词》。以后历代都有人仿作,成了诗歌中的一体。有《刘宾客集》等。

2. 白帝城头春草生①

白帝城头春草生,白盐山下蜀江清②。
南人上来歌一曲,北人莫上动乡情③。

① 选自唐刘禹锡《竹枝词》(《全唐诗》卷三百六十五)。白帝城:在今重庆市奉节县城东瞿塘峡口。东汉公孙述至鱼复,见白气如龙出井口,自以为瑞,改鱼复为白帝。
② 白盐山:在重庆市奉节县东十七里。隔江与赤甲山相对。崖壁五十余里,其色炳耀,状若白盐,故名。
③ 乡情:对故乡的思念之情。也就是乡思。

登高望远,容易产生乡思。南人即本地人,本地人游本地的名胜古迹,只会感到欣慰,不会产生思乡,所以说"歌一曲"。俞陛云在《诗境浅说》中说:"北人溯峡而上,则乡关愈远,乡思愈深矣。登白帝城而望,滟滪堆边,历历帆樯,不知多少征人愁风愁水也。"

【译文】

　　　　白帝城头草色青青,
　　　　白盐山下江水粼粼。
　　　　南人上来歌唱一曲,
　　　　北人上来动了乡情。

3. 山桃红花满上头①

山桃红花满上头,蜀江春水拍山流②。
花红易衰似郎意,水流无限似侬愁③。

① 选自唐刘禹锡《竹枝词》(《全唐诗》卷三百六十五)。山桃句:整座山开遍了桃花。
② 蜀江:蜀地的江。唐白居易《长恨歌》:"蜀江水碧蜀山青,圣主朝朝暮暮情。"拍:轻击。
③ 侬:我。古代吴人自称。

【译文】

山上的桃花红艳艳,
江里的春水满到山脚边。
花红易衰有如郎的薄幸,
水流无限就像我的多情。

4. 瞿塘嘈嘈十二滩①

瞿塘嘈嘈十二滩,人言道路古来难②。
长恨人心不如水,等闲平地起波澜③。

① 选自唐刘禹锡《竹枝词》(《全唐诗》卷三百六十五)。瞿塘:即瞿塘峡,在今重庆市奉节县东,又名广溪峡、夔峡,为长江三峡之首。两崖峻峭对峙,中贯一江,滟滪堆正当其口,于江心突兀而出。嘈嘈:水流下滩声。
② 人言:如唐李白《蜀道难》诗云:"噫吁嚱,危乎高哉!蜀道之难,难于上青天!"
③ 等闲:平白地。亦即无缘无故地。

【译文】

　　　　　　嘈嘈的瞿塘水向东流去，
　　　　　　入川的道路古来就难走。
　　　　　　人心不如水专一啊！
　　　　　　平白无故就把心思改。

5. 山上层层桃李花①

　　山上层层桃李花，云间烟火是人家。
　　银钏金钗来负水②，长刀短笠去烧畲③。

① 选自唐刘禹锡《竹枝词》(《全唐诗》卷三百六十五)。层层：表示多。
② 银钏(chuàn)金钗(chāi)：妇女的饰物。钏，镯子；钗，由两股簪子合成。
③ 烧畲(shē)：唐杜甫《秋日夔府咏怀》："烧畲度地。"钱谦益《笺》引旧《注》："楚俗烧榛种田曰畲。先以刀芟治林木曰研畲。其刀以木为柄，刀向曲谓之畲刀。"耕种三年，田地须休息一次，故用《尔雅》"三岁曰畲"的"畲"字。

【译文】

　　　　　　桃花李花开满了山坡，
　　　　　　炊烟袅袅从山中升起。
　　　　　　男人带着长刀短笠去烧畲。
　　　　　　女人戴着银钏金钗汲水回。

白居易(772—846),字乐天,太原(今属山西省)人。德宗贞元十六年进士,授秘书省校书郎。宪宗元和初翰林学士,迁左拾遗。因上表谏事,忤权贵,贬江州(今江西九江)司马。累迁杭苏二州刺史。后诏还,授太子少傅。晚年居洛阳香山,号香山居士。其诗早年与元稹齐名,称"元白";晚年与刘禹锡齐名,称"刘白"。有《白氏长庆集》。竹枝词写得不多,但对后世的影响很大。

6. 瞿塘峡口水烟低①

瞿塘峡口水烟低, 白帝城头月向西②。
唱到竹枝声咽处③,寒猿暗乌一时啼④。

① 选自唐白居易《竹枝词四首》(《全唐诗》卷四百四十一)。瞿塘峡:注见前第4首。
② 白帝城:注见前第2首。
③ 声咽:声音堵塞。
④ 寒猿暗乌:寒天的猿猴,隐藏不露的乌鸦。全句是说,连原来没有感情的猿猴、乌鸦也叫了起来。

【译文】

瞿塘峡口一片迷雾,
白帝城头月亮偏西。
竹枝唱到动情处,
寒猿暗乌一起啼。

7. 竹枝苦怨怨何人①

竹枝苦怨怨何人, 夜静山空歇又闻②。
蛮儿巴女齐声唱③,愁杀江楼病使君④。

① 选自唐白居易《竹枝词四首》(《全唐诗》卷四百四十一)。苦:极力,竭力。
② 歇又闻:歌声停了又响起来。表示歌者情绪激动,有唱不下去之概。
③ 巴:四川东部地区。
④ 病使君:作者自指。使君,汉以后对州郡长官的尊称。

【译文】

哀怨的竹枝歌为谁而唱,
空山静夜里唱唱又停停。
巴童蜀女一齐唱起来,
愁杀江楼上病着的诗人。

8. 巴东船舫上巴西①

巴东船舫上巴西,波面风生雨脚齐②。
水蓼冷花红簇簇③,江蓠湿叶碧凄凄④。

① 选自唐白居易《竹枝词四首》(《全唐诗》卷四百四十一)。巴东:郡名。汉献帝初平元年,刘璋分巴郡置永宁郡。建安六年,改永宁为巴东郡,有今重庆市云阳、奉节等县地,至唐废。巴西:巴东以西的地方。舫(fǎng):有舱室的船。
② 雨脚:雨。
③ 蓼(liǎo):植物名。品类甚多,有水蓼、马蓼、辣蓼等。草本,叶味辛香,花淡红色或白色。簇簇:丛列、丛聚状。
④ 凄凄:寒凉。

【译文】

巴东的船只上巴西,
风吹波面雨霏霏。
水蓼花开红簇簇,
竹篱笆叶碧萋萋。

李涉,字不详,自号清溪子,洛阳(今属河南省)人。生卒年均不详,大约宪宗元和元年前后在世。早岁客梁园,数逢兵乱,避地南方。性好山水,隐居匡庐香炉峰下石洞中,尝养一白鹿甚驯,因名所居曰白鹿洞。与仲弟渤、崔膺兄弟茅舍相接。后徙居终南。偶从陈许节度使之辟,任从事行军,至太子通事舍人。未几,以罪谪夷陵宰,十年蹭蹬峡中,病疟成痼后遇赦还,放舟寻吴越旧游,登天台望海。尝于九江遇盗,询知为涉,向之索诗,款以牛酒而去。又游潇湘、岳阳,遇张祜话旧。复归洛下,营草堂,隐少室,身自耕耘,妾任织纴,子供渔樵,日在醉乡,不交人事。文宗太和中,宰相荐,征起为太学博士。著有诗集二卷,传于世。

9. 荆门滩急水潺潺①

荆门滩急水潺潺,　两岸猿啼烟满山。
渡头少年应官去②,月落西陵望不还③。

① 选自唐李涉《竹枝词》(《全唐诗》卷四百四十七)。荆门:注见前第1首。潺潺(chánchán):象声词。水声。
② 应官:谓应选。即应朝廷之召去做官。唐李商隐《无题二首》之一:"嗟余听鼓应官去,走马兰台类转蓬。"
③ 西陵:西陵峡,长江三峡之一。又名巴峡。在湖北省,西起巴东县官渡口,东至宜昌县南津关。

【译文】
　　　　荆门的流水发出潺潺的响声,
　　　　两岸的猿猴从黄昏叫到天明。
　　　　渡头送郎应官去,
　　　　每夜相思到五更。

10. 石壁千重树万重①

石壁千重树万重,白云斜掩碧芙蓉②。
昭君溪上年年月③,偏照婵娟色最浓④。

① 选自唐李涉《竹枝词》(《全唐诗》卷四百四十七)。
② 芙蓉:荷花。
③ 昭君溪:湖北兴山县南有昭君村,为昭君故里。《寰宇记》:汉王嫱即此邑之人,故曰昭君之县。村连巫峡。
④ 婵娟:形态美好。《文选·汉张衡〈西京赋〉》:"嚼清商而却转,增婵娟以此豸。"这里是指荷花。

【译文】

重重的石壁密密的树,
层层的白云掩盖着碧绿的芙蓉。
昭君溪上多情的月亮啊!
只有你夜夜陪伴她到天明。

11. 十二山晴花尽开①

十二山晴花尽开,楚宫双阙对阳台②。
细腰争舞君沉醉,白日秦兵天下来③。

① 选自唐李涉《竹枝词》(《全唐诗》卷四百四十七)。十二山:即十二峰。巫山以上,群峰连绵,其尤著有十二峰。唐令狐楚纂《御览诗》李端《巫山高》:"巫山十二峰,皆在碧虚中。"其初本无确指。元刘壎《隐居通议》二九《十二峰名》据《蜀江图》举其名为独秀、笔峰、集仙、起云、登龙、望霞、聚鹤、栖凤、翠屏、盘龙、松峦(峦)、仙人。细腰:纤细的腰身。也作"细要"。《墨子·兼爱》中:

"昔者楚灵王好细要,灵王之臣,皆以一饭为节,胁息然后带,扶墙然后起。"楚王爱细腰的传说,又见《荀子·君道》等多种书籍。

② 双阙(què):古代宫殿前面左右对峙的一对建筑物,形式因时地而不同。阳台:传说中台名。《文选·战国楚宋玉〈高唐赋〉》:"妾在巫山之阳,高丘之岨,且为朝云,暮为行雨,朝朝暮暮,阳台之下。"后亦称男女合欢之所为阳台。

③ 秦兵:顷襄王二十年,秦将白起攻楚,打破郢都。郢在今湖北江陵县北。天下来:即从天而降。意谓来得突然。

【译文】

十二山山山花盛开,
楚王官面对着阳台。
襄王正为歌舞所陶醉,
大白天秦兵就从天上来。

蒋吉,家住江南。世次不详。曾游历长安、商州、金陵、江夏、岭南等地。《直斋书录解题》卷一九著录其诗集一卷,今不存。《全唐诗》收其十五首,皆为绝句,多写羁旅之情。近人岑仲勉疑为蒋信之误,但无确据。蒋信,常州义兴(今江苏宜兴)人。宪宗时秘书监蒋乂之子。历官刺史、国子祭酒。《旧唐书·蒋乂传》附其事迹。

12. 巡堤听唱竹枝词①

巡堤听唱竹枝词,正是月高风静时,
独向东南人不会②,弟兄俱在楚江湄③。

① 选自唐蒋吉《闻歌竹枝》(《全唐诗》卷七百七十一)。巡堤:沿堤。
② 会:理会,领会。
③ 楚江:湖北境内的长江。湄(méi):岸边,水草相接的地方。

【译文】

听着堤上竹枝的歌声,
正是夜深风静的时候。
独自朝着东南方出神,
楚江边有我兄弟多人。

孙光宪(？—968)，字孟文，自号葆光子，五代宋初陵州贵平(今四川仁寿)人。唐末为陵州判官。五代后唐天成元年，因梁震之荐，为荆南高季兴掌书记。累官荆南节度副使。宋太祖建隆四年，劝荆南节度使高继冲降宋，宋太祖授黄州刺史。颇有治声。宋太祖乾德六年，宰相荐其为学士，未及召而卒。光宪博通经史，能诗，善小词，属花间词派。今存《北梦琐言》二十卷，《全唐诗》存诗八首、断句两联、词八十首。

13. 门前春水白萍花①

门前春水白萍花，岸上无人小艇斜②，
商女经过江欲暮③，散抛残食饲神鸦④。

① 选自唐末孙光宪《竹枝词》。萍：植物名。生浅水中，叶有长柄，柄端四片小叶成田字形，也叫四字草。夏秋开小白花。
② 岸上句：化用唐韦应物《滁州西涧》诗："春潮带雨晚来急，野渡无人舟自横。"
③ 商女：歌妓。唐杜牧《泊秦淮》诗："商女不知亡国恨，隔江犹唱《后庭花》。"
④ 残食：祭余之食。神鸦：祭祀时来吃祭品的乌鸦。据《岳阳风土记》载，巴陵乌鸦很多，土人称之为神鸦，不敢射它。宋辛弃疾《永遇乐·京口北古亭怀古》："可堪回首，佛狸祠下，一片神鸦社鼓。"

【译文】

江上一片白色的萍花，
岸边无人小舟也横着。
商女经过天色已晚，
散抛残食施舍神鸦。

苏轼(1036—1101),字子瞻,号东坡居士,宋眉州眉山(今属四川省)人。父洵、弟辙均有文名,号称"三苏"。而以苏轼的成就为最大。仁宗嘉祐二年进士。因反对王安石变法,以"讪谤朝廷"罪被弹劾,下狱。贬黄州。哲宗时为翰林学士,礼部尚书。哲宗绍圣初年,复行新法,贬惠州。又贬琼州(今海南岛)。徽宗立,遇赦召还,卒于常州。学问渊博,于古文诗词书画无不工。有《苏东坡集》。

14. 苍梧山高湘水深①

苍梧山高湘水深, 中原北望度千岑②。
帝子南游飘不归③,唯有苍苍枫桂林④。

① 选自宋苏轼《竹枝词》(《东坡先生诗集注》卷三十二)。苍梧山:注见前第1首。湘水:水名。又名湘江。湖南省最大的河流。与漓水同发源于广西兴安县海阳山,称漓湘;合流至兴安县,始分流向东北,入湖南,至零陵与潇水汇合,称潇湘;至衡阳与蒸水汇合,称蒸湘。总称三湘。一说汇合潇水叫潇湘,汇合蒸水叫蒸湘,汇合沅水叫沅湘。

② 岑(cén):小而高的山。

③ 帝子:注见前第1首。

④ 唯有句:表示作者无限惆怅的心情。

【译文】

苍梧山高湘水深,
中原到此翻过上千座山岭。
帝子南游再也回不去,
只见莽莽苍苍一片枫桂林。

15. 水滨击鼓何喧阗①

水滨击鼓何喧阗,相将扣水求屈原②。
屈原已死今千载,满船哀歌似当年③。

① 选自宋苏轼《竹枝词》(《东坡先生诗集注》卷三十二)。喧阗(tián):喧哗、拥挤。
② 相将:相共,相随。求屈原:屈原被放逐,行吟洞庭湖畔,终于投汨罗江自尽。后人为了纪念他,每年于端午节举行竞渡,据说意在救他。
③ 船:用以竞渡的轻舟。清范寅《越谚》云:"划龙船始于吴王夫差与西施为水戏,继吊屈原为竞渡,隋炀帝画而不雕,与此异。"

【译文】

咚咚的鼓声多么急迫,
为的是拯救落水的诗人。
屈原死了上千年,
满船的哀歌还不曾改变。

16. 三户亡秦信不虚①

三户亡秦信不虚, 一朝兵起尽欢呼。
当时项羽年最少②,提剑本是耕田夫③。

① 选自宋苏轼《竹枝词》(《东坡先生诗集注》卷三十二)。三户:三户人家。《史记·项羽纪》:"楚虽三户,亡秦必楚也。"《集解》:"瓒曰:'楚人怨秦,虽三户犹足以亡秦也。'"又《索隐》引韦昭说,三户是楚国的昭、屈、景三家大贵族。后常用以比喻地小人寡,犹可发愤图强。不虚:不假。
② 项羽:名籍,字羽。力能扛鼎,才气过人。从叔父梁在吴中起义。梁败

死,籍领其军。与秦兵九战皆捷。秦亡后,自立为西楚霸王,继与刘邦争天下,战无不利。四年楚汉约中分天下,楚兵东归。汉王用张良、陈平计,会韩信、彭越军,追击楚军,围籍于垓下。籍夜闻汉军四面皆楚歌,以为刘邦已尽得楚地,乃突围,至乌江,自刎死。

③ 提剑:拿起武器。意为起义。耕田夫:农民。具体指陈胜、吴广。

【译文】

三户亡秦的话有了应验,
一旦起兵就全国响应。
别看项羽年纪小,
他代表了全体人民。

17. 富贵荣华岂足多①

富贵荣华岂足多, 至今犹有冢嵯峨②。
故园凄凉人事改③,楚乡千古为悲歌。

① 选自宋苏轼《竹枝词》(《东坡先生诗集注》卷三十二)。富贵荣华:家财富有、势位显贵。
② 冢(zhǒng):坟墓。嵯峨(cuó é):山高峻貌。这里是指坟墓。
③ 故园:旧家园,故乡。凄凉:孤寂冷落。唐杜甫《遣兴》之四:"山阴一茅宇,江海日凄凉。"

【译文】

富贵荣华再多也没有用,
除了累累的荒坟还有什么。
故园寥落人事发生变动,
楚地的悲歌却从未间断过。

苏辙(1039—1112),字子由,号颍滨遗老,眉州眉山(今属四川省)人。嘉祐进士,官至尚书右丞、门下侍郎,多次遭到贬谪,晚年移居许州(今河南许昌)。著有《栾城集》《龙川略志》等。

18. 扁舟日落驻平沙①

扁舟日落驻平沙, 茅屋竹篱三四家。
运舂并汲各无语②,齐唱竹枝如有嗟③。

① 选自宋苏辙《竹枝词》(《栾城集》卷一)。扁舟:也作"偏舟"。小船。《史记·货殖传》:"范蠡既雪会稽之耻……乃乘扁舟浮于江湖。"驻:车马停住。《汉书·韩延寿传》:"今旦明府早驾,久驻未出,骑吏父来至府门,不敢入。"这里是指舟停住。平沙:谓广漠的沙原。唐李华《吊古战场文》:"浩浩兮平沙无垠,夐不见人。"这里是指广漠的沙滩。
② 运:搬运。舂(chōng):用杵臼捣谷类。
③ 嗟(jiē):忧叹,感叹。

【译文】

小船在薄暮的沙滩边停泊,
那儿有竹篱茅舍三四家。
男耕女织默默无语,
竹枝的哀歌就是内心的表白。

19. 俚人风俗非中原①

俚人风俗非中原, 处子不嫁如等闲②。
双鬟垂项发已白③,负水采薪长苦艰。

① 选自宋苏辙《竹枝词》(《栾城集》卷一)。俚(lǐ)人:即"俚子"。古代对黎族的别称。中原:内地,别于边境地区而言。
② 处子:处女。《孟子·告子》下:"逾东家墙而搂其处子,则得妻。"
③ 这句是说:到了两鬓斑白时还是个姑娘。所以还不能将头发往上结扎起来,只能梳成"双鬟"。双鬟:姑娘梳成两个环形的发髻。

【译文】

  黎人的风俗跟中原不同。
  女大当婚却不出嫁。
  负水砍柴多么辛苦,
  两鬓鬖鬖尽是白发。

20. 去家千里未能归①

去家千里未能归,忽听长歌皆惨凄②。
空船独宿无与语,月满长江归路迷。

① 选自宋苏辙《竹枝词》(《栾城集》卷一)。去:离开。
② 长歌:即"长歌当哭",放声舒畅地唱歌,多指用诗文抒发胸中悲愤之情。这里似指竹枝歌。惨凄:即"凄惨"。凄凉悲惨。

【译文】

  离家千里回不了故乡,
  忽然听到长歌感到抑郁。
  空荡荡的船中跟谁诉说,
  月满长江前途一片迷惑。

黄庭坚(1045—1105),字鲁直,号山谷道人,洪州分宁(今江西修水)人。尝谪居涪州,又号涪翁。英宗治平四年进士。调叶县尉。哲宗时预修《仁宗实录》,迁著作佐郎,升起居舍人。哲宗绍圣初,知鄂州。章惇、蔡京以修《实录》不实,贬涪州别驾。至徽宗初召还。后又以文字罪除名,贬宜州,卒于其地。诗学杜甫,而能自辟门径,为江西诗派之祖。初与秦观、张耒、晁补之游于苏轼之门,人称苏门四学士。晚年位益黜,名益高,世以苏轼并称为苏黄。善书真行书,以真体为第一。有《山谷集》《豫章集》。

21. 撑崖拄谷蝮蛇愁①

撑崖拄谷蝮蛇愁, 入箐攀天猿掉头②。
鬼门关外莫言远③,五十三驿是皇州④。

① 选自宋黄庭坚《竹枝词》(《山谷诗集·内集》卷十二)。撑拄:原是一个词,意即支持,抵住。撑崖拄谷,极言山川险阻。蝮(fù)蛇:一种毒蛇。《集解》引应劭曰:"蝮一名虺。"
② 箐(qìng):山间大竹林。
③ 鬼门关:泛指凶险之地,神话中则指通往阴间的门。
④ 驿:驿站。掌投递公文、转运官物及供来往官员休息的机构。皇州:指帝都。

【译文】
　　高崖深谷连蝮蛇也要发愁,
　　竹子插天让猿猴都感到畏缩。
　　别说鬼门关外路途遥远,
　　五十三个驿站就到了皇州。

22. 浮云一百八盘萦①

浮云一百八盘萦,落日四十八度明。
鬼门关外莫言远,四海一家皆弟兄②。

① 选自宋黄庭坚《竹枝词》(《山谷诗集·内集》卷十二)。浮云:浮动在空中的云。这里表示山高的意思。盘:盘道,弯曲的山路。萦(yíng):旋回攀绕。
② 四海一家:即"四海为家"。四海之内,犹如一家(兄弟)。四海:古代以为中国四周皆有海,所以把中国叫作海内,外国叫海外。四海,意同天下。

【译文】

弯曲的山路在云雾中缭绕,
沿途看到过四十八个落日。
别说鬼门关外路途遥远,
四海之内都是我的弟兄。

23. 塞上柳枝且莫歌①

塞上柳枝且莫歌,夔州竹枝奈愁何②。
虚心相待莫相误③,岁寒望君一来过④。

① 选自宋黄庭坚《竹枝词二首》(《黄诗全集·山谷集别集补》)。塞上:边界,险要之处。亦即"前线"。柳枝:即"杨柳枝"。汉横吹曲辞。本作《折杨柳》。至隋时始为宫词。唐白居易依旧曲翻为新歌。《长庆集》六四《杨柳枝词》之一:"古歌旧曲君休听,听取新翻杨柳枝。"当时诗人继和此曲,多以之咏柳抒怀,七言四句,与《竹枝词》相类。
② 夔(kuí)州:春秋时为夔子国,后被楚所灭。秦置巴郡。蜀汉改巴东郡。唐置夔州,并割原属之秭归、巴东两县,另置归州。宋元为夔州路,明清改府。

旧府治在今重庆奉节县。

③ 虚心:心无成见,不自满。《庄子·渔父》:"丘少而脩学,以至于今,六十九岁矣,无所得闻至教,敢不虚心。"

④ 岁寒句:犹云但愿过年时能团聚。来:句中衬字,无意义。

【译文】

> 边陲的柳枝词过于消沉,
> 夔州的竹枝歌唱不尽我的忧愁。
> 彼此相爱不相忘,
> 但愿岁寒时节出现在我身旁。

24. 竹竿坡面蛇倒退[①]

竹竿坡面蛇倒退, 摩围山要胡孙愁[②]。
杜鹃无血可续泪[③],何日金鸡赦九州[④]。

① 选自宋黄庭坚《竹枝词(外六首)》(《豫章黄先生文集》卷第五)。竹竿坡:当是地名,与下句"摩围山"同。

② 要:"腰"本字。

③ 杜鹃:鸟名。又作子巂、子规、鹈鸠、催归。唐白居易《琵琶行》:"其间旦暮闻何物?杜鹃啼血猿哀鸣。"

④ 金鸡:古盼赦日,设金鸡于竿,以示吉辰。鸡以黄金饰首,故名金鸡。九州:古代中国设置的九个州。后来九州泛指中国。

有人说"胡孙愁"与"蛇倒退"都是地名,但所以有这样的地名,都与路途艰险有关系,所以直接理解为"蛇退缩"与"猴发愁"也可以。

【译文】

> 竹竿坡前蛇在退缩,
> 摩围山腰猴子发愁。
> 杜鹃声声"不如归去",
> 大赦的王命何日发布九州?

25. 勃姑夫妇喜相唤[①]

勃姑夫妇喜相唤,街头雪泥即渐干[②]。
已放游丝高百尺[③],不应桃李尚春寒。

① 选自宋黄庭坚《竹枝词(外六首)》(《豫章黄先生文集》卷第五)。勃姑:三国吴陆玑《毛诗草木鸟兽虫鱼疏》:"勃鸠,灰色,无绣项,阴则屏逐其匹,晴则呼之。语曰:'天将雨,鸠逐妇。'"因其将雨时鸣声急,故俗亦呼为水勃鸪。"勃姑夫妇喜相唤",证明是晴天。
② 雪泥:雪溶泥泞。
③ 游丝:春天虫类所吐的丝在空中飞扬,叫游丝。宋晏殊《珠玉词·蝶恋花》:"满眼游丝兼落絮,红杏开时,一霎清明雨。"蜘蛛吐丝多在春天。

【译文】

勃姑夫妇发出欢乐的鸣声,
街上的雪泥也开始干涸。
游丝已经飘得百丈高,
桃李因何还在春寒的禁锢中?

陆游(1125—1210),字务观,号放翁,越州山阴(今浙江绍兴)人。高宗绍兴中试礼部,因遭秦桧忌,被黜免。孝宗时赐进士出身,除枢密院编修,后任建康、夔州等地通判。转入王炎及范成大幕府。光宗时以宝章阁侍制致仕。陆游力主抗金,屡受排挤。一生写诗达万首,题材广泛,多清新之作。著有《剑南诗稿》、《老学庵笔记》等。

26. 白襦女儿系青裙①

白襦女儿系青裙, 东家西家世通婚。
采桑饷饭无百步②,至老何曾识别村。

① 选自宋陆游《剑南诗稿》。白襦(rú):白色的短衣。青裙:青色的裙子。白襦青裙在古代都是平民的服装。
② 饷(xiǎng)饭:给田中劳作的人送饭。饷,用酒食等款待。无百步:不到百步。

【译文】

蓝色的裙子白色的布衫,
屋前屋后都结成亲眷。
采桑送饭不出百步之外,
至死不知道外面还有村寨。

范成大(1126—1193)，字致能，号石湖居士，苏州吴县(今江苏省苏州市)人。高宗绍兴二十四年进士，官至参知政事。孝宗乾道六年出使金国，辞气慷慨，不辱命而返。成大素有文名，尤工于诗。晚年退居故里石湖。著有《石湖集》、《吴船录》等。

27. 赤甲白盐碧丛丛①

赤甲白盐碧丛丛，半山人家草木风。
榴花满山红似火，荔枝天凉未肯红②。

① 选自宋范成大《夔州竹枝词》(《石湖居士诗集》卷十六)。赤甲：山名。在重庆奉节县东。唐杜甫《黄草》："黄草峡西船不归，赤甲山下行人稀。"白盐也是山名。明代费尚伊《竹枝词》云："赤甲白盐山复山"。另见前第2首注。

② 荔枝：果树名。亦作"荔支"。晋嵇含《南方草木状》下："荔枝树，高五六丈余，如桂树，绿叶蓬蓬，冬夏荣茂，青华朱实，实大如鸡子，核黄黑似熟莲，实白如肪，甘而多汁，似安石榴。"其果实亦称荔枝。

【译文】

赤甲、白盐山上绿葱葱，
人家住在半山腰的密林中。
石榴花开红似火，
荔枝天凉不肯红。

28. 嫠妇趁墟城里来①

嫠妇趁墟城里来，十十五五市南街②。
行人莫笑女粗丑，儿郎自与买银钗③。

① 选自宋范成大《夔州竹枝词》(《石湖居士诗集》卷十六)。瘿(yǐng):颈瘤,一种大脖颈病。范成大《吴船录》:"峡江水性大恶,饮辄生瘿,妇人尤多。"越中方言称为"大头颈疯"。趁墟:赶集。墟,亦作"虚"。唐柳宗元《柳州峒氓》诗:"青箬裹盐归峒客,绿荷包饭趁墟人。"

② 十十五五:形容分别聚会,多少不等。《乐府诗集·艳歌何尝行》:"飞来双白鹄,乃从西北来,十十五五,罗列成行。"

③ 银钗:注见前第5首。

【译文】

粗脖子的村女到城里赶集,
三三两两在南街上转悠。
不要笑看她们长得难看,
自有年青人为她们买银钗。

29. 白头老媪簪红花①

白头老媪簪红花,黑头女娘三髻丫②。
背上儿眠上山去,采桑已闲当采茶。

① 选自宋范成大《夔州竹枝词》(《石湖居士诗集》卷十六)。簪(zān):簪子。此处作动词用,插。

② 髻丫(jìyā):发结。盘于头顶左右两边。三髻丫,亦称"三角髻",宋时三髻盘于头顶。女娘:指年轻女子。

【译文】

白发的老婆婆簪着红花,
小姑娘的辫子梳成三髻丫。
妇女背着小孩子上山,
采完了桑叶又去采茶。

30. 白帝庙前无旧城①

白帝庙前无旧城,荒山野草古今情②。
只余峡口一堆石③,恰似人心未肯平。

① 选自宋范成大《夔州竹枝词》(《石湖居士诗集》卷十六)。
② 古今情:犹怀古之幽情。
③ 一堆石:即滟滪堆。长江三峡瞿塘峡中的险滩。在重庆奉节县东。也称淫预堆,俗称燕窝石。《水经注》三三《江水》:"(白帝城西)江中有孤石,为淫预石,冬出水二十余丈,夏则没。"

【译文】

　　　　白帝庙前不见白帝城,
　　　　荒山野草真让人伤心。
　　　　留下峡口一堆石头,
　　　　好像人心还有不平。

杨万里(1127—1206),字廷秀,号诚斋,吉水(今属江西省)人。绍兴二十四年进士。与陆游、范成大、尤袤并称"中兴四大诗人"。历任太常博士、秘书监等职。晚年奸相韩侂胄弄权,辞官家居,悒郁而死。有《江湖集》、《荆溪集》等九个集子,诗四千余首。

31. 穷崖绝嶂入云天①

穷崖绝嶂入云天,乌鹊才飞半壁间②。
远渚长汀草如积,牛羊须上最高山。③

① 选自宋杨万里《过白沙竹枝歌六首》(《诚斋诗集·江西道院集》卷二十八)。云天:高天。云,极言其高。《宋书·谢灵运传》史臣曰:"英辞润金石,高义薄云天。"
② 乌鹊:俗称喜鹊。以其身黑色,故曰乌鹊。
③ 这两句是说:平原上的水草虽然肥美,但是"远水救不得近火",所以还得依靠本地的资源,把牛羊放在高山上面。

【译文】

悬崖绝壁高插云霄,
乌鹊也只能飞到半山腰。
平原上的水草繁茂丰美
咱们只能放牛羊在高山上。

32. 绝怜山崦两三家①

绝怜山崦两三家,不种香粳只种麻②。
耕遍沿堤锄遍岭,都来能得几生涯③。

① 选自宋杨万里《过白沙竹枝歌六首》(《诚斋诗集·江西道院集》卷二十八)。怜:怜惜,同情。山崦(yān):山里。
② 粳:与"糯"相对。粳稻。
③ 都来:犹算来或统统。生涯:收入,生计。整句是说:总共不过这么一点收入,对生活起得了什么作用!

【译文】

可怜山边有两三人家,
不种稻谷只种苎麻。
纵然开遍了荒山,
也争不到一半的口粮。

33. 绝壁临江千余尺①

绝壁临江千余尺,上头一径过肩舆②。
舟人仰看胆俱破,为问行人知得无③?

① 选自宋杨万里《过白沙竹枝歌六首》(《诚斋诗集·江西道院集》卷二十八)。绝壁:陡峭的崖壁。
② 肩舆:用人力抬扛的代步工具。俗称兜子轿。晋六朝盛行肩舆,其制为二长竿,中设软椅以坐人。其初上无覆盖,后加覆盖蔽物,成为轿舆。
③ 行人:即坐肩舆的人。

【译文】

江边的崖壁高达千余尺,
上头留出一条肩舆的小道。
船夫们仰看吓破了胆,
不知道行人可曾知晓?

34. 大矶愁似小矶愁①

大矶愁似小矶愁,篙稍宽时船即流②。
撑得篙头都是血,一矶又复在前头③。

① 选自宋杨万里《过显济庙前竹枝词并石矶二首》(《诚斋诗集·南海集》卷十八)。矶(jī):江水中突出的岩石或石滩。愁似:犹言"愁过"。比起来更愁。
② 宽:宽缓。即撑篙时用力不大。流:漂走。指船倒退。
③ 复:再,又一次。

【译文】

大石矶比小石矶更艰险,
竹篙稍一松手船就往下溜。
撑得竹篙上沾满了鲜血,
一大块岩石又再出现在前头!

35. 龟鱼到此总回头①

龟鱼到此总回头, 不但龟鱼蟹也愁。
底事诗人轻老命②,犯滩冲石去韶州③。

① 选自宋杨万里《峡山寺竹枝词五首》(《诚斋诗集·南海集》卷十八)。
② 底事:何事,何以。
③ 韶(sháo)州:地名。秦属南海郡。汉属桂阳郡。唐改置韶州。属广东省。

【译文】

龟鱼到此别转头就走,
除却龟鱼蟹也在发愁。
犯滩冲石多危险啊!
诗人却要拚着老命去韶州。

36. 小郎滩下大郎滩①

小郎滩下大郎滩, 伯仲分司水府关②。
谁为行媒教作赘③,大姑山与小姑山④。

① 选自宋杨万里《过乌石大小二浪滩俗呼浪为郎因戏作竹枝歌二首》(《诚斋诗集·江西道院集》卷二十八)。
② 伯仲:古代以伯、仲、叔、季表示兄弟之间的顺序。水府:谓水神所管辖的区域。
③ 行媒:媒人的撮合。也就是俗语所谓"做媒"。《礼·曲礼》上:"男女非有行媒,不相知名。"作赘(zhuì):男子到女家成婚,成为女家的成员。赘,到女家成婚的男子。
④ 大姑山:即"大孤山"。在江西鄱阳湖中。因山形如鞋,又名鞋山。小姑山:即"小孤山"。俗名髻山。在江西彭泽县北大江中。为别于彭蠡湖中的大孤山,故称小孤。其后因语音讹转,以孤为"姑",好事者并于山上立神女祠,塑盛装女像。庙对彭浪矶,因有小姑嫁彭郎的传说。

【译文】

小郎滩下面有个大郎滩,
大小郎分管着两个水府关。
谁为他们介绍去入赘,
大姑山与小姑山。

李埴(约1161—1238),字季允,眉州丹棱(今属四川省)人。绍熙进士,先后任常德知府、夔州知州、礼部侍郎、沿江制置副使兼鄂州知州、资政殿学士等。有《李文肃集》。

37. 封崇岭上细腰宫①

封崇岭上细腰宫, 遗老相传祭鬻熊②。
一炬牧儿今抵处③,年年青草长春风。

① 选自宋李埴《巫山竹枝词》(《巫山县志》卷三十二)。
② 鬻(yù)熊:楚之先祖,季连之苗裔。亦作"粥能"。
③ 一炬:一把火。

【译文】

封崇岭上有个细腰宫,
相传祭祀楚的祖先鬻熊。
可怜一炬成焦土,
如今只见青草舞春风。

汪元量(约1241—约1317),字大有,号水云子,钱塘(今浙江杭州)人。度宗时,以善琴供奉掖庭。宋亡,随三宫入燕。后为黄冠,自号水云子,还钱塘,往来匡庐、彭蠡间,人以为仙。为诗据亲身经历,多写宋亡后北徙事,以寓哀愤之意,有"诗史"之称。后不知所终。著有《水云集》、《湖山类稿》。

38. 贾谊祠前酹酒尊①

贾谊祠前酹酒尊,汨罗江上吊骚魂②。
耒阳更有一抔土③,行路人传是假坟。

① 选自宋汪元量《竹枝歌》(《增订湖山类稿》卷四)。贾谊:西汉洛阳人。以年少能通诸家书,文帝召为博士,迁大中大夫。谊改正朔,易服色,制法度,兴礼乐。又数上疏陈政事,言时弊,为大臣所忌,出为长沙王太傅,迁梁怀王太傅而卒,年三十三。酹(lèi):酹酒。以酒洒地而祭。尊:酒器。字别作"樽"。
② 汨(mì)罗:江名。在湖南省东北部。上游汨水,流经湘阴县分为二支,南流者曰汨水,一经古罗城曰罗水,至屈潭两水复合,故曰汨罗。《水经注》作汨罗渊。战国楚屈原,忧愤国事,怀石自沉于此。骚魂:指死后的屈原。
③ 耒阳:县名。属湖南省。以在耒水之阳(北岸)而名。唐杜甫大历五年避乱往郴州依舅氏崔伟,行至耒阳卒,即此。一抔土:一捧土。抔,用手捧。骆宾王《代李敬业以武后临朝移诸郡檄》:"一抔之土未干,六尺之孤安在?"

【译文】

贾谊祠前向太傅奠了酒,
汨罗江边悼念过屈原的诗魂。
耒阳还有杜甫的一抔土,
据说那只是一穴假坟。

39. 白头渔父白头妻①

白头渔父白头妻,网得鱼多夜不归。
生怕渡官搜着税,巴东转柁向巴西②。

① 选自宋汪元量《竹枝歌》(《增订湖山类》卷四)。渔父:渔翁。父(fǔ),男子的美称。
② 柁(duò):即"舵"。控制行船方向的器具。装在船尾。俗字作"柂"。

【译文】

　　　　白头的渔父白头的妻,
　　　　捕的鱼多夜里又不敢回去。
　　　　怕渡口的官吏抓住要做税,
　　　　转过柁来不向巴东向巴西。

刘诜(1268—1350),字桂翁,庐陵(今江西吉安)人。生于宋末,犹及见诸遗老,得其绪论。追元仁宗延祐复科举后,益肆力于名物、度数、训诂、笺注之学。既十年不第,乃刻意于诗歌。有《桂隐诗文集》。

40. 三月四月江南村①

三月四月江南村,村村插秧无朝昏②。
红妆少妇荷饭出③,白头老人驱犊奔④。

① 选自元刘诜《秧老歌五首》(《桂隐诗文集》卷四)。江南:地区名。泛指长江以南。春秋、战国、秦汉时一般指今湖北的江南部分和湖南、江西一带。近代专指今苏南和浙江一带。
② 无朝昏:起早摸黑,不分昼夜。
③ 红妆:指妇女的盛装。以色尚红,故称。也作"红桩"、"红装"。《乐府诗集·木兰诗》之一:"阿姐闻妹来,当户理红妆。"后常用以代指美女。
④ 犊(dú):小牛,牛子。《后汉书·杨震传》附杨彪对曰:"愧无日䃅先见之明,犹怀老牛舐犊之爱。"

【译文】

三月四月江南最忙碌,
蚕桑才了又得把秧插。
盛装的少妇去送饭,
白发的老人放牛还。

卢浩,字养元,钱塘(今浙江杭州)人。所作竹枝词为时人所传诵。

41. 记郎别时风飕飕①

记郎别时风飕飕,银鼠帽子黄鼠袍②。
别来辙迹不可见,湖边青草如人高。

① 选自元卢浩《西湖竹枝词》(《西湖集览·元杨维桢西湖竹枝集》)。飕飕(sōusōu):象声词。风雨声。
② 银鼠:兽名。状颇类鼬,耳小毛短,其色洁白,吉林诸山中有之,其皮可御寒,极贵重。黄鼠:兽名。产山西及沙漠诸地,状似大鼠而色黄,穴居土中,见人则拱立如揖,故又称拱鼠、礼鼠,古称鼵鼠,也称貔貍。皮可为裘领肉可食,也入药。

【译文】
记得与郎分别时凉风飕飕,
银鼠的帽子黄鼠的袍。
别后不见人踪影,
湖边的青草长得像人一样高。

张雨(1277—1348),一名天雨,字伯雨,别号山泽癯者、贞居子等,钱塘(今浙江杭州)人。博闻多识。好道教,中年后着道家装束,往来江浙间,自称句曲外史。工诗文。又精书法。有《贞居先生诗集》。

42. 临湖门外是侬家①

临湖门外是侬家,郎若闲时来吃茶。
黄土筑墙茅盖屋,门前一树紫荆花②。

① 选自元张雨《西湖竹枝词》(《贞居先生诗集》卷八)。临湖门:似即涌金门。因为"省城各门俱有重城,而涌金独无"(语见清翟灏《湖山便览·涌金门》)。侬:注见前第3首。
② 紫荆:木名。一名紫珠。多植于庭院间,以供观赏。因似黄荆花又深紫,故名。

【译文】

城外湖边是我的家,
郎有时间就来喝杯茶。
茅草盖屋黄土筑的墙,
屋面前还有一株紫荆花。

43. 光尧内禅罢言兵①

光尧内禅罢言兵, 几番御舟湖上行。
东京邻舍宋大嫂②,就船犹得进鱼羹。

① 选自元张雨《湖州竹枝词》(《贞居先生诗集》卷六)。内禅:绍兴二十二年,宋高宗赵构把皇位让给养子赵昚,是为孝宗。赵构被尊为光尧德寿太上皇帝。帝王让位给内定的继承人,叫内禅。罢言兵:赵构为了保住自己的皇位,不愿用兵收复失地,并迎还徽钦二帝,力主与金议和。

② 东京:北宋京城汴京又称东京。宋大嫂:据周密《武林旧事》载:宋孝宗淳熙六年三月十五日,高宗、孝宗游西湖,穷极奢华,"宣唤在湖买卖等人……有卖鱼羹人宋大嫂,自称东京人氏,随驾到此"。所以说邻舍。

【译文】

光尧内禅又与金人议了和,
无所事事多次到西湖上闲游。
有个东京邻舍宋大嫂,
还在船上烧了鱼羹侍候。

宋高宗像

胡助(1278—1355),字履信,一字古愚,婺州东阳(今属浙江省)人。始举茂才,为建康路学录,累迁承信郎、太常博士、国史馆编修,惠宗至正元年致仕。著有《纯白斋类稿》。《四库全书提要》谓:"今观其诗文,不无稍近平易,而神韵清隽,格调严正。犹不失古意,在元末实足自成一家。"他在元朝做过官,但从这五首《竹枝词》可以看出他的立场观点来。

44. 病卒携筐拾堕薪①

病卒携筐拾堕薪,东门稍僻少车尘。
久从叫佛楼边住,惯见深眸高鼻人②。

① 选自元胡助《戏作东门竹枝词》(《纯白斋类稿》卷十四)。堕薪:掉在地上的柴草。
② 深眸(móu)高鼻:显然不是汉人的模样。病卒到东门去就有躲避这些人的意思。

【译文】

有病的士兵提着篓筐拾柴火,
东门头车马少也无灰尘。
长久都在叫佛楼边住,
见惯了深眸高鼻子的人。

45. 马通火软穴居温①

马通火软穴居温, 不管狂飙缟带翻②。
旧岁阑珊新岁近③,短辕何日出东门④。

① 选自元胡助《戏作东门竹枝词》(《纯白斋类稿》卷十四)。马通：马粪。《后汉书·戴就传》："主者穷竭酷惨，无复余方，乃卧就覆船下，以马通熏之。"《注》："《本草经》曰：马通，马矢也。"穴居：住在山洞里。或称土室。
② 狂飙(biāo)：大风。缟带：白色生丝的带子。
③ 阑珊(lánshān)：衰落，将尽。
④ 短辕(yuán)：小马车。

【译文】

马通火微穴居倒也温暖，
省得巨风把我的缟带乱翻。
新年已到旧岁即将过去，
不知道哪天坐上马车出东门？

宋褧(1292—1344)，字显夫，大都(今北京市)人。泰定进士，博览群书，与其兄宋本齐名，人称"二宋"。官至翰林直学士，兼经筵讲官，卒谥文清。著有《燕石集》十五卷，欧阳玄称他清新秀伟，苏天爵称他清新飘逸。

46. 第一鹅黄映晓烟①

第一鹅黄映晓烟，梢长袅娜弄暄妍②。
待得浓阴满夏日，不如春月取人怜③。

① 选自元宋褧《竹枝词六首(通州道中作，至元四年春)》(《燕石集》卷四)。第一：犹最初。
② 暄(xuān)妍：天气晴和，景物鲜媚。
③ 怜：喜爱。

【译文】

    杨柳在初春爆出鹅黄的嫩芽，
    长长的柳条就在晴空中袅娜。
    等到盛夏一片浓阴的时刻，
    反不如初春时教人爱惜。

47. 夹道青青到凤城①

夹道青青到凤城，一般飞絮两般情②。
离筵见处泣相送③，归鞍扑着喜相迎。

① 选自元宋褧《竹枝词六首(通州道中作，至元四年春)》(《燕石集》卷

四)。凤城:相传秦穆公之女弄玉,吹箫引凤,凤凰降于京城,故曰丹凤城。后因称京都为凤城。

② 一般:一样。唐王建《宫词》之三五:"云骏花骢各试行,一般毛色一般缨。"

③ 离筵:送别的筵宴。《艺文类聚》二九庚肩吾《侍宴饯湘东王应令》:"念此离筵促,方愁别路赊。"

【译文】

到京都去一路上杨柳夹道,
一样的飞絮却有两样的感情。
饯别时相送流着眼泪,
回家时扑着人面就像欢迎。

48. 齐化门东醉别时[①]

齐化门东醉别时, 主人折赠最高枝。
船开酒醒潞河远[②],回头烟树漫参差[③]。

① 选自元宋褧《竹枝词六首(通州道中作,至元四年春)》(《燕石集》卷四)。齐化门:北京旧城门,即朝阳门,元时称齐化门。

② 潞河:水名。即今潮白河,为北运河的上游。

③ 参差(cēncī):不齐貌。

【译文】

齐化东门外饯别时,
主人折赠我最高枝。
开船后在潞河上酒醒,
回头只看见烟雨迷茫柳参差。

49. 正月二日不曾晴①

正月二日不曾晴,蘼芜洲边春水生②。
黄陵女儿年纪小③,学唱竹枝三四声。

① 选自元宋褧《竹枝词三首(洞庭舟中赋,时至治二年二月)》(《燕石集》卷第四)。
② 蘼芜(míwú):香草名。《尔雅》作"蘪芜"。亦名蕲茝,又名茳蓠,即芎䓖苗。《玉台新咏·古诗》之一:"上山采蘼芜,下山逢故夫。"
③ 黄陵:山名。在湖南湘阴县北,滨洞庭湖。一名湘山,湘水由此入湖。传说舜二妃墓在其上。有黄陵亭、黄陵庙。黄陵女儿指洞庭湖一带的女孩儿。

【译文】

正月初二天气还不曾晴朗,
蘼芜洲边的春水已开始宕荡。
黄陵庙下的女儿年纪虽小,
却已经学会了竹枝歌的小调。

50. 菜花一尺篱门开①

菜花一尺篱门开,栗留声断斑鸠来②。
舍南青苗没人插,郎在黔中何日回③?

① 选自元宋褧《竹枝词三首(洞庭舟中赋,时至治二年二月)》(《燕石集》卷第四)。
② 栗留:鸟名。又名黄栗留。即黄莺。斑鸠:鸟名。鸠之大者。
③ 黔(Qián)中:地名。战国时楚地,故城在今湖南沅陵县西。始皇时置郡,辖境甚广,包括今湖南西部、贵州东北部。

【译文】
　　　　　园里的油菜花黄成一片，
　　　　　黄莺之后催耕的斑鸠又来聒噪。
　　　　　屋门前的水田还未插秧，
　　　　　郎在黔中不知道几时回家？

杨维桢(1296—1370),字廉夫,号铁崖,又号东维子,山阴(今浙江绍兴)人。泰定四年进士。历任天台知县、江西省儒学提举等。在杭州西湖边居住多年。晚年迁居松江(今属上海市)。他的诗很有名,尤其是古体和乐府,时称"铁崖体"。著作有《东维子集》、《铁崖古乐府》等。

51. 潮来潮退白洋沙[①]

潮来潮退白洋沙, 白洋女儿把锄耙[②]。
苦海熬干是何日[③]?免得侬来爬雪沙。

① 选自元杨维桢《海乡竹枝词》(《铁崖古乐府》卷十)。白洋沙:地名。在浙江绍兴市北,旧时靠钱塘江口,为观潮胜地。明张岱有《白洋潮》一文,就是指此。
② 耙(bà):聚拢谷物和平土的农具。
③ 苦海:佛教比喻世俗,谓人间烦恼,苦深如海。

【译文】

白洋沙上潮水有涨有落,
白洋女儿拿着锄头铁耙干活。
苦日子哪天才能熬出头?
好让我不再天天把沙爬。

52. 门前海坍到竹篱[①]

门前海坍到竹篱,阶前腥臊蟛蚬肥[②]。
哑子三岁不识父,郎在海东何日归。

① 选自元杨维桢《海乡竹枝词》(《铁崖古乐府》卷十)。海坍：门前的土地坍到海里去，所谓朝为桑田，暮成沧海。这是住在江海边的人常有的经验。

② 蟛(péng)子：动物名。即蟛蜞或毛蜞，与蟹同类。沙地上特多，不仅上阶，有时还能爬上床帐。日本文泉子著《如梦记》第一章："竹林里有螃蟹。泽蟹很多，像是乱撒着小石子一般。人走过去，他们便出惊，沙沙的躲到枯竹叶底下去的声音几乎比竹林的风雨声还要厉害。不但是竹林里，在厨房的地板上到处爬，也在天花板上头行走。夜里睡醒了之后，往往惊醒，在纸隔扇外边，可不是有偷儿的脚步声么，这样的事也不止有过一两次，这是后来从母亲听来的话。"

【译文】

> 门前的土地坍到竹篱边，
> 腥臊的毛蜞爬上了阶沿。
> 哑巴的儿子三岁还没见过爹，
> 海东的丈夫哪天才回家？

53. 苏小门前花满株①

苏小门前花满株，苏公堤上女当垆②。
南官北使须到此，江南西湖天下无。

① 选自元杨维桢《西湖竹枝词》(《铁崖乐府注》卷十)。苏小：即苏小小。钱塘歌妓，南齐人。古词云："妾乘油壁车，郎骑青骢马。何处结同心，西陵松柏下。"即咏其事。

② 苏公堤：通称苏堤。在杭州西湖中。因堤为苏东坡主持建筑，故名苏公堤。当垆(lú)：犹卖酒。垆，土墩，安放酒瓮，卖酒的守在垆边，谓之当垆。

【译文】

　　苏小门前的桃花开得正兴旺，
　　苏公堤上多的是卖酒的女郎。
　　南来北往的官员到此一游，
　　谁不说江南的西湖天下无双。

54. 石新妇下水连空①

石新妇下水连空，飞来峰前山万重②。
妾死甘为石新妇，萧郎或是飞来峰③。

　　① 选自元杨维桢《西湖竹枝词》(《铁崖乐府注》卷十)。石新妇：又叫新妇矶。地名。在浙江天目山西峰，高五丈，面东昂立，与东目新郎石相对。水连空：水与天空连接，表示宽阔。
　　② 飞来峰：山峰名。在浙江省杭州市西湖西北灵隐寺前。相传东晋咸和中有天竺僧慧理登此山，叹曰："此是中天竺国灵鹫山之小岭，不知何年飞来？"因住锡，造灵隐寺，因号其峰曰"飞来"。
　　③ 萧郎：原指武帝萧衍。后以泛指所亲爱或为女子所恋的男子。

【译文】

　　新妇石下水阔天空，
　　飞来峰前山岭重重。
　　妾永远是块新妇石，
　　郎也许是个飞来峰。

朱庸,字伯常,四明(今浙江宁波)人。才思敏捷,诗文皆佳。生平事迹不详。

55. 小姑疑郎去不归①

小姑疑郎去不归,为郎打瓦复钻龟②。
青山尚有飞来日③,不信人无相见时。

① 选自元朱庸《西湖竹枝词》(《西湖集览·元杨维桢编西湖竹枝集》)。小姑:泛称未嫁的少女。
② 打瓦:占卜的一种,具体不明。钻龟:又叫钻灼。古卜法。钻龟里甲使薄,然后燃荆焞以灼所钻处,使兆拆见于表面,凭之以定吉凶。
③ 青山句:指杭州的飞来峰。注见前第54首。

【译文】

    小姑怀疑郎去了不再回来,
    又是打瓦,又是钻龟。
    青山还有飞来这一天,
    不相信人就没有再见时。

56. 阿奴采莲湖上舟①

阿奴采莲湖上舟,阿郎贩豆辽东州②。
一心愿逐长流水,流到辽东古渡头③。

① 选自元朱庸《西湖竹枝词》(《西湖集览·元杨维桢编西湖竹枝集》)。

阿奴:即奴。阿无意义。下"阿郎"同。

②辽东:郡名。战国燕地。秦置,属幽州,汉因之,治襄平。辖有今辽宁东南部辽河以东地。

③古渡头:古渡,即年代久远的渡口。

【译文】

我坐着船在湖面上采莲,
郎为了贩豆去到辽东州。
我愿随着长长的流水,
一直流到辽东的古渡头。

倪瓒(1301—1374),初名珽,字元镇,号云林,无锡(今属江苏省)人。一生未入仕,浪迹江湖。性情孤傲,有洁癖,蔑视权贵。强学好修,刻意文史,家中有云林堂、萧闲馆等园林之胜,藏书数千卷,手自勘定,时与三五好友啸咏其间。至正初年,卖尽田产,扁舟来往江湖间。不久兵乱,人乃服其前识。倪瓒为元后期的著名画家和诗人。画与黄公望、吴镇、王蒙合称"元四家",长于水墨山水,萧疏秀挺,有隐士的高致。诗则清淡古朴,得陶渊明之风。著作有《清闷阁集》十二卷。

57. 钱王墓田松柏稀①

钱王墓田松柏稀, 岳王祠堂在湖西②。
西泠桥边草春绿③,飞来峰头乌夜啼④。

① 选自元倪瓒《西湖竹枝词》(《倪云林先生诗集》卷之六)。钱王墓田:在浙江临安县太庙山有钱镠墓。
② 岳王祠堂:岳飞的祠堂在西湖边,即岳王坟。
③ 西泠桥:又称西陵桥,在西湖孤山西面。
④ 乌夜啼:表示情景凄凉。

【译文】

钱王的墓地松柏稀少,
岳王的祠堂在西湖以西。
西泠桥边春草碧绿,
飞来峰上暗乌夜啼。

58. 湖边女儿红粉妆①

湖边女儿红粉妆, 不学罗敷春采桑②。
学成飞燕春风舞③,嫁与燕山游冶郎④。

① 选自元倪瓒《西湖竹枝词》(《倪云林先生诗集》卷之六)。红粉：妇女化妆用的胭脂和白粉。
② 罗敷：人名。晋崔豹《古今注·音乐》："秦氏，邯郸人。有女名罗敷，为邑人千乘王仁妻。仁后为越(赵)王家令，罗敷出采桑于陌上，赵王登台见而悦之，因饮酒欲夺焉。罗敷乃弹筝，作《陌上》歌以自明焉。"
③ 飞燕：即赵飞燕。汉成帝宫人，成阳侯赵临之女。初学歌舞，以体轻号曰飞燕。先为婕妤，许后废，立为后，与其妹昭仪专宠十余年。哀帝立，尊为皇太后。平帝即位，废为庶人，自杀。
④ 燕山游冶郎：似指元朝的蒙古人。元朝把中国人分成蒙古人、色目人、汉人和南人四等；南方的汉人特别是临安(杭州)人的地位最低。为了改变被轻视的地位，南方的女孩就想方设法去嫁给北方的蒙古人、色目人。游冶，亦即冶游。意为野游。《乐府诗集·子夜四时歌·春歌》："冶游步春露，艳觅同心郎。"后世多指嫖妓为冶游。

【译文】

　　湖边的女孩子浓妆打扮，
　　不学罗敷女春天养蚕采桑；
　　学会了赵飞燕翩翩起舞，
　　准备嫁给那些燕山的冶游郎。

59. 春愁如雪不能消①

**春愁如雪不能消，又见清明卖柳条。
伤心玉照堂前月②，空照钱塘夜夜潮。**

① 选自元倪瓒《西湖竹枝词》(《倪云林先生诗集》卷之六)。春愁：犹闲愁。
② 玉照堂：堂名。宋张镃所建，周围皆种梅，皎洁辉映，夜如对月，因名玉照。镃字功甫，张浚之后。

【译文】
　　春愁就像积雪一样难以消融,
　　又看见清明时节在叫卖柳条。
　　伤心的是玉照堂前的月亮,
　　空照着钱江上每天的夜潮。

于立,字彦成,号虚白子,又号会稽外史,庐山(今江西九江)人。生卒年均不详,约惠宗至正初前后在世。博学通古今,善谈笑,以诗酒放浪江湖间,作《胡琴谱》赠名妓张猩猩。尝和杨维桢《西湖竹枝词》。诗撰有《会稽外史集》传于世。

60. 侬家住在涌金门①

侬家住在涌金门, 青见高峰白见云。
岭上已无丞相宅②,湖边犹有岳王坟。

① 选自元于立《西湖竹枝词》(《西湖集览·元杨维桢编西湖竹枝集》)。侬家:侬。注见前第3首。涌金门:旧杭州西城门之一,面临西湖,杭州人坐船游西湖,多从此门出。
② 岭:葛岭,在西湖北岸,南宋丞相贾似道曾居此。

【译文】

我家住在涌金门头,
见惯了青山隐隐白云悠悠。
葛岭上已无丞相的豪宅,
西湖边还有岳飞的陵墓。

61. 杨柳枝头双勃鸪①

杨柳枝头双勃鸪, 雨来逐妇晴来呼。
鸳鸯到死不相背②,双飞日日在西湖。

① 选自元于立《西湖竹枝词》(《西湖集览·元杨维桢编西湖竹枝集》)。勃鸠:注见前第25首。

② 背:转身,离开。《荀子·解蔽》:"卬视其发,以为立魅也,背而走。"引申为死亡。

【译文】

　　　　杨柳枝头停着一对勃鸠鸟,
　　　　"天将雨,鸠逐妇"。
　　　　鸳鸯到死不分离,
　　　　天天都在西湖双宿双飞。

曹妙清,女,字比玉,号雪斋,钱塘(今浙江杭州)人。工诗章,善鼓琴,行草皆有法。事母孝谨,三十岁方嫁。曾持诗文求教于贯云石、杨维桢等著名诗人,诗酬唱和。杨维桢为其诗集作序,并答诗云:"红牙管蒂紫狸毫,雪水初融玉带袍。写得薛涛萱草帖,西湖纸价顿能高。"撰有《曹氏弦歌集》。

62. 美人绝似董娇娆①

美人绝似董娇娆,家住南山第一桥②。
不肯随人过湖去,月明夜夜自吹箫③。

① 选自元曹妙清《西湖竹枝词》(《西湖集览·元杨维桢编西湖竹枝集》)。董娇娆(ráo):美人名,始见于《玉台新咏》。杜甫《春戏题恼郝使君》诗:"佳人屡出董娇娆。"
② 南山第一桥:苏堤上有六座桥,自南而北为映波、锁澜、望山、压堤、东浦和跨虹;南山第一桥当为映波桥。
③ 月明句:化用杜牧《寄扬州韩绰判官》诗:"二十四桥明月夜,玉人何处教吹箫?"

【译文】

她长得多像美人董娇娆,
家住在苏堤南端第一桥。
不肯跟人过湖去,
月明之夜独自吹吹箫。

张妙净,女,字蕙莲,号自然道人,钱塘(今浙江杭州)人。著有《西湖竹枝词》、《苏台竹枝词》等。

63. 忆把明珠买妾时[①]

忆把明珠买妾时,妾起梳头郎画眉[②]。
郎今何处妾独住,怕见花间双蝶飞。

① 选自元张妙净《西湖竹枝词》(《西湖集览·元杨维桢编西湖竹枝集》)。忆把句:明珠是高贵品,用明珠买人,表示看重,与后来的弃置适成对比。
② 画眉:男人为女人画眉毛,表示两人关系亲密。唐朱庆余《近试上张弘水部》:"洞房昨夜停红烛,待晓堂前拜舅姑。妆罢低声问夫婿,画眉深浅入时无?"

【译文】

当初他用明珠把我买来,
我早起梳头他为我画眉。
如今只剩了我孤单一人,
怕看见成对的蝴蝶在花丛间飞。

袁德裕,号南溪,沙亭(属广东省)人。生当元季,与何真善隐居不仕,著有《沙亭杂咏》。沙亭虽指西城外水仙庙左邑人饮饯地而言,实指城乡各地。

64. 白沙翠树绕江村①

白沙翠树绕江村, 西水湾湾绿到门。
我已廿年耽小隐②,避秦何必武陵源③。

① 选自元袁德裕《沙亭杂咏》(张次溪编《万江竹枝词》)。江村:犹水乡。
② 耽(dān):沉溺。小隐:隐居于山林。《文选·晋王康〈反招隐〉》诗:"小隐隐林薮,大隐隐朝市。"
③ 避秦:避秦时之苛政及战乱而隐居。晋陶潜《桃花源记》:"先世避秦时乱,率妻子邑人,来此绝境,不复出焉。"

【译文】

洁白的沙滩碧绿的树,
一湾清溪从门前流过。
"此心安处即故乡",
避秦何必到武陵。

成廷珪,字原常,一字元章,扬州(今属江苏省)人。好读书,尤工于诗,与张翥为忘年交,诗名亦与张翥相齐。曾自谓:"吾仕宦无天分,田园无先业,学艺无他能,惟习气在篇什,朝哦夕讽,聊以自娱而已。"晚年逢战乱,流离辗转。诗受时人称赏。著有《居竹轩集》。

65. 荞麦花开如白烟①

荞麦花开如白烟,并催农事了霜前。
晚禾未割豆先熟②,双髻女儿齐下田。

① 选自元成廷珪《竹枝歌》(《居竹轩诗集》卷四)。荞麦:一年生草本植物,开白花或淡红花,子实可供食用。
② 豆:大豆,一年生草本植物,花白色或紫色,有根瘤,豆荚有毛,种子一般黄色,供食用,也可以榨油。又称黄豆或毛豆。

【译文】

荞麦花开像一片白的烟雾,
霜降前都得办完那些农事。
晚稻未割黄豆已经成熟,
女孩儿也参加到秋收的队伍中。

薛兰英,女,吴郡(今江苏苏州)人。生卒年不详,约元末前后在世。父为米商,至正初居阊门外,兰英与妹惠英,皆聪明秀丽,能为赋诗,父于宅后建一楼处之,名曰"兰蕙联芳楼"。有诗数百篇,号为《联芳集》。杨维桢作《西湖竹枝词》,和者百余,刊板书肆,二女见之,笑道:"西湖有《竹枝曲》,东湖独无《竹枝曲》乎!"乃制《苏台竹枝曲》十章,传播遐迩。昆山郑生泊舟楼下,二女与之发生恋爱,潜相往来,后为父所觉,赘之为婿。

66. 馆娃宫中麋鹿游①

馆娃宫中麋鹿游,西施去泛五湖舟②。
香魂玉骨归何处?不及真娘葬虎丘③。

① 选自元薛兰英、薛惠英《薛氏苏台竹枝词》(清徐钒辑《本事诗》卷一)。馆娃宫:春秋吴馆名。吴王夫差作宫砚石山以馆西施,吴人谓美女为娃,故曰馆娃。遗址在今江苏吴县西南灵岩山。麋(mí)鹿:哺乳动物,毛淡褐色,雄的有角,角像鹿,尾像驴,蹄像牛,颈像骆驼,但从整个来看哪一种动物都不像。性温顺,吃植物。原产我国,是一种稀有的珍贵兽类。也叫四不像。
② 泛五湖:传说吴亡后,西施随范蠡泛五湖(太湖)而去。
③ 真娘:唐有吴妓真娘,时人比之苏小小,死后葬于吴宫之侧。今江苏苏州虎丘山有真娘墓。

【译文】

馆娃宫成了麋鹿的窝,
西施随范蠡坐上了扁舟。
无人知道美人的下落,
不及真娘还有坟在虎丘。

67. 门泊东吴万里船①

门泊东吴万里船，乌啼月落水如烟。
寒山寺里钟声早②，渔火江枫恼客眠。

① 选自元薛兰英、薛惠英《薛氏苏台竹枝词》(清徐釚辑《本事诗》卷一)。门泊句：唐杜甫有《绝句》云："窗含西岭千秋雪,门泊东吴万里船。"
② 寒山寺：寺名。在江苏苏州西枫桥镇。相传唐代诗僧寒山、拾得二人在此住过。唐张继《枫桥夜泊》诗云："月落乌啼霜满天,江枫渔火对愁眠。姑苏城外寒山寺,夜半钟声到客船。"

这首诗从张继的《枫桥夜泊》起意，领会得非常正确，所谓"渔火江枫恼客眠"，正是张继所要表达的。清纪晓岚在《阅微草堂笔记》中说："钱塘俞君祺,乾隆癸未在余学署。偶见其《野泊不眠》诗曰：'芦荻荒寒野水平,四围唧唧夜虫声。长眠人亦眠难稳,独倚枯松看月明。'余曰：'杜甫诗曰："巴童浑不寐,夜半有行舟。"张继诗曰："姑苏城外寒山寺,夜半钟声到客船。"均从对面落笔,以半夜得闻,写出未睡；非咏巴童舟,寒山寺钟也。'"

【译文】

门外停着一条航船，
月亮下去乌鸦在叫。
寺里的钟声为什么这样早！
江枫渔火教人烦恼。

68. 荻芽抽笋楝花开①

荻芽抽笋楝花开,不见河豚石首来②。
早起腥风满城市,郎从海口贩鲜回。

①选自元薛兰英、薛惠英《薛氏苏台竹枝词》(清徐釚辑《本事诗》卷一)。荻(dí)芽:荻的新芽。荻为多年生草本植物,形状像芦苇,古人常芦荻并称。据说荻芽能解河豚之毒。南宋赵彦卫《云麓漫钞》卷五:"河豚腹胀而斑,状甚丑,腹中有白曰讷,有肝曰脂。讷最甘肥,吴人甚珍之,目为西施乳,东坡云'腹腴'者是也。东坡在资善堂尝与人谈河豚之美,云:'也值一死。'其美可知。其间子最毒,能杀人,次即眼与血;在年前后,土人忌之,须水至,荻芽出时,江东方有之。梅圣俞诗云:'春洲生荻芽,春岸飞杨花。河豚于此时,贵不数鱼虾。'是也。"楝(liàn):木名。宋罗愿《尔雅翼·释木一·楝》:"楝木高丈余,叶密如槐而尖,三四月开花,红紫色,芬香满庭,其实如小铃,至熟则黄,俗谓之苦楝子,亦曰金铃子。可以练,故名楝。"

② 石首:鱼名。俗称黄鱼。以头盖骨内,有骨二枚,大如豆,色白坚如石,故名。清梁章钜《浪迹丛谈》三谈《瓯江海味杂诗·王瓜鱼》:"此鱼以四月王瓜生时出,吾乡因呼为黄瓜,亦称瓜鱼,而他乡人多为黄瓜鱼,因复称为黄鱼,皆误也,其实古名石首鱼。瓜鱼乃常馔,甘美而清真。长年有如此,何烦梦鲈莼?"萧山地方称石首鱼为黄鱼,黄鱼鲞为黄瓜头鲞。

【译文】

芦荻抽芽苦楝树开了花,
只不见河豚与黄鱼登场。
早晨闻到一股鱼腥气,
知道郎从海边贩鱼回到家。

69. 杨柳青青杨柳黄①

杨柳青青杨柳黄, 青黄变色过年光②。
妾似柳丝易憔悴③,郎如柳絮太癫狂④。

① 选自元薛兰英、薛惠英《薛氏苏台竹枝词》(清徐釚辑《本事诗》卷一)。

② 年光:时光,年华。南朝梁何逊《何水部集·渡连圻》诗之二:"客子行行倦,年光处处华。"
③ 憔悴(qiáocuì):形容人瘦弱,面色不好看。
④ 癫狂:(言谈举止)轻佻;不庄重。

【译文】

柳树的叶子由青变黄,
光阴的流失无法阻挡。
我像柳丝容易衰老,
郎如柳絮过于轻狂。

70. 翡翠双飞不待呼①

翡翠双飞不待呼,鸳鸯并宿几曾孤②。
生憎宝带桥下水③,半入吴江半太湖④。

① 选自元薛兰英、薛惠英《薛氏苏台竹枝词》(清徐釚辑《本事诗》卷一)。翡翠:鸟名。也叫翠雀。羽有蓝、绿、赤、棕等色,可为饰品,雄赤曰翡,雌青曰翠。不待呼:不必呼叫。
② 鸳鸯:鸟名。体小于鸭。雄(鸳)羽色绚丽;雌(鸯)略小,背苍褐色。雌雄偶居不离,故以之比喻夫妇。《诗·小雅·鸳鸯》:"鸳鸯于飞,毕之罗之。"《传》:"鸳鸯,匹鸟。"几曾:何曾。
③ 生憎:讨厌,憎恨。生,极,偏。宝带桥:著名的古代石桥。在江苏苏州市南,长百丈,跨运河和澹台湖口。下有五十三个拱洞,小船可通行。始建于唐,宋明清先后重新修建。
④ 吴江:吴淞江的别称。黄浦江的支流。又名笠津、松陵江、松江、吴江、苏州河。自湖东北流,经吴江、吴县、昆山、青浦、嘉定,进市区,汇合黄浦江入海。江口叫吴淞口。

【译文】

　　　　翡翠永远相伴在一起，
　　　　鸳鸯同宿从未离开过。
　　　　恨只恨那宝带桥下的水，
　　　　一半流入吴江一半流入太湖。

71. 一绹凤髻绿如玉①

一绹凤髻绿如玉，八字牙梳白似银②。
斜倚朱门翘首立，往来多少断肠人③！

　　① 选自元薛兰英、薛惠英《薛氏苏台竹枝词》(清徐釚辑《本事诗》卷一)。一绹(guō)：女子头发一束为一绹。凤髻：作凤形的发髻。绿：绿云，形容女人发多而黑。玉：如玉之美，光滑润泽。
　　② 八字牙梳：用象牙或玳瑁制作的梳子分插两边，状如八字。
　　③ 断肠人：形容极度思念或悲伤的人。整句是说：来来往往的都不是她所思念的人。犹如"过尽千帆皆不是……肠断白萍洲"。但亦可解释为：女子太美，行人见了思慕不已。清李天馥有一首《江上竹枝词》，写的意思与此相同："象牙簪子白如银，藕色衫儿稳称身。小立庙前看胜会，只教狂杀往来人。"

【译文】

　　　　一头美发梳成凤样的发髻，
　　　　洁白的象牙梳子分插两旁。
　　　　她站在屋边倚门远眺，
　　　　可怜那断肠人还在远方。

马贯,字本道,元末明初浙江绍兴人。明太祖洪武年间,做过汉中卫经历、鄞州府知事等官。

72. 吴姬轧轧小车红①

吴姬轧轧小车红,争来陌上看春风,
不敢高声唱歌去,恐惊丞相在船中②。

① 选自元马贯《西湖竹枝词》(《西湖集览·元杨维桢编西湖竹枝集》)。吴姬:泛指浙北苏南一带的女子。这一带地方在春秋时属于吴国。轧轧(yàyà):象声词。车声、摇桨声。

② 丞相:即贾似道。宋浙江台州人,字师宪。理宗时,以其姐为贵妃,官左丞相,兼枢密使。端平初,蒙古兵攻鄂州,军汉阳,似道纳币请和,而诡称用兵解围。度宗立,似道益专政,同平章军国事,封魏国公。元兵迫建康,宋军屡败,陈宜君等劾似道罪,谪高州团练使,循州安置,途次漳州木棉庵,为监送者县尉郑虎臣所杀。

【译文】

姑娘们坐着车子来到湖边,
争相观看那桃红柳绿的春光。
不敢高声唱着歌,——
只怕惊动了在船中的丞相。

徐梦吉,字德符,晚自号晚山中人,於潜(今属浙江临安)人。以茂才举传贻书院山长,历常熟教授。梦吉又是琴家,徐秋山之子,是浙派徐氏一门的重要传承者。著有《琴余杂言》。

73. 雷峰港口晚凉天①

雷峰港口晚凉天, 相唤相呼去采莲。
莫为采莲忘却藕②,月明风定好回船。

① 选自元徐梦吉《西湖竹枝词》(《西湖集览·元杨维桢编西湖竹枝集》)。雷峰港:位于西湖南岸雷峰北面。
② 莲与"恋"、藕与"偶"读音相似,有双关作用。

【译文】

初秋的雷峰港特别清凉,
彼此招呼着去把莲蓬采摘。
不要只顾采莲忘记了藕,
趁着月明风静好一起回家。

纳延,元代人。著有《金台集》。

74. 梅花一树大桥边①

梅花一树大桥边,白发老翁来系船。
明朝捕鱼愁雪落,半夜推篷起看天。

① 选自元纳延《月湖竹枝词》(《金台集》卷一)。

【译文】

　　一棵梅树站立在大桥边,
　　老渔翁把船系在它上面。
　　明朝捕鱼怕落雪,
　　半夜里推开船篷看看天。

宋濂(1310—1381),字景濂,号潜溪,浙江浦江人。为元末明初一代文宗。官至学士承旨知制诰。相传明朝礼乐制度,大都经他审定。著有《宋学士全集》、《龙门子》、《浦阳人物志》等。

75. 不敢劝郎瓮头春①

不敢劝郎瓮头春, 恐郎醒后忘侬恩。
殷勤只酌湖上水②,郎若怜侬甜似饧③。

① 选自明宋濂《镜湖竹枝》(《古今词统》卷二)。瓮头春:刚酿好的酒。瓮头即缸面,春指酒,唐宋时语。张彦远《书法要录·唐何延之兰亭记》:"江东云堋(缸)面,犹河北称瓮头,谓初熟酒也。"唐岑参《喜韩樽相过》:"瓮头春酒黄花脂,禄米只充沽酒资。"
② 殷勤:也写作"慇懃",意谓亲切的情意。酒与水是很容易辨别的,第三句只是"设想",到底没有照着那样去做。
③ 饧(táng):同"糖"。

【译文】

不敢劝郎喝那初熟的瓮头春,
怕他酒醒后忘掉了我的恩情。
即使斟上一杯镜湖水,
他若爱我也会感到蜜一样甜。

76. 恋郎思郎非一朝①

恋郎思郎非一朝,好似并州花剪刀②。
一股在南一股北,几时裁得合欢袍③。

① 选自明宋濂《镜湖竹枝》(《古今词统》卷二)。

② 并州剪:古代并州所产的剪刀,以锋利著称。唐杜甫《杜工部草堂诗笺》八《戏题王宰画山水图歌》:"焉得并州快剪刀,剪取吴松半江水。"省作并刀。

③ 合欢:植物名。叶似槐叶,至晚则合。故也叫合昏,又写作合棔,俗称夜合花、马樱花、榕花。古代常以合欢赠人,说可以消怨合好。这里的"袍",似与"抱"含有双关的意义。

【译文】

爱郎想郎不是一天两天,
好像并州的剪刀把衣裁。
一股刀在南一股刀在北,
几时裁得合欢袍一件。

刘基(1311—1375),字伯温,浙江青田县南田乡(今文成县)人。明朝开国功臣。元惠宗元统进士,曾任高安县丞、江浙儒学副提举,后弃官归乡。朱元璋率军到浙江时,聘请他和宋濂、叶琛、章溢等到应天府(今江苏南京),刘基提出起义的时务十八策。朱大喜,并留刘等共谋,先后灭陈友谅,执张士诚,降方国珍,南定闽粤,北伐中原,迅速一统天下,成就帝业。刘基被任命为御史中丞兼太史令,参与裁定明初的各项重大典制。明太祖洪武三年,授以弘文馆学士,封诚意伯,后终被胡惟庸辈所陷害,悲愤而死。留有《诚意伯文集》等。

77. 相思无益莫相思①

相思无益莫相思,赢得霜髯换黑髭②。
明月自圆还自缺,蚌胎瘦减有谁知③。

① 选自明刘基《竹枝歌》(《诚意伯刘文成公文集》卷十)。相思:想念,多指男女间的恋情。
② 赢得:获得。
③ 蚌胎:指珍珠。旧说,蚌孕珠如人怀妊,与月的盈亏有关,故称蚌胎。

【译文】

相思无补于事就别相思,
得到的只是黑髭换成了白胡须。
明月圆缺是明月的事,
与蚌胎的孕育也扯不上关系。

78. 潇湘江水接天河①

潇湘江水接天河, 第一伤心是汨罗②。
斑竹冈头兰蕙死③,黄茅坨上艾蒿多④。

① 选自明刘基《竹枝歌》(《诚意伯刘文成公文集》卷十)。潇湘:注见前第14首"湘水"。接天河:指湘水浩瀚。

② 汨(mì)罗:注见前第38首。

③ 斑竹:紫竹,竹身有紫色或灰褐色的斑纹。也称湘妃竹。古代神话谓舜南巡不返,葬于苍梧,舜妃娥皇女英思帝不已,泪下沾竹,竹悉成斑。兰蕙比喻二妃。

④ 垅:同"垄"。坟墓。艾蒿(hāo):即艾。草名。又名"蕲艾"、"冰台"。茎叶有香气,干后制成艾绒,可作灸用。

【译文】

滔滔的湘江上接天河,
屈原的死最教人伤心。
斑竹冈头流过多少眼泪?
王妃的坟上艾蒿凄凄。

79. 阳台云雨漫荒唐①

阳台云雨漫荒唐,巫峡啼猿枉断肠②。
莫向苍梧山下去,九疑愁色满潇湘③。

① 选自明刘基《竹枝歌》(《诚意伯刘文成公文集》卷十)。阳台:注见前第11首。云雨:云和雨。但因了楚襄王与宋玉游云梦之台的故事,云雨也就成了男女幽合的意思。漫:助词。有随便、任由、枉、徒然等义。荒唐:广大无边际。《庄子·天下》:"以谬悠之说荒唐之言,无端崖之辞,时恣纵而不傥,不以觭见之也。"《注》:"荒唐,谓广大无域畔者也。"后谓说话浮夸不实际或行为放荡为荒唐。

② 巫(wū)峡:长江三峡之一。在湖北巴东县西,与四川巫山县接界,因巫山得名。断肠:注见前第1首。

③ 九疑:山名。《史记·五帝纪·舜》:"(舜)葬于江南九疑。"在今湖南宁远县南。

【译文】

　　　　阳台行云行雨的传说过于荒唐，
　　　　为巫峡的猿啼而断肠也实在冤枉。
　　　　别向苍梧山下去怀古，
　　　　九疑山的荒烟蔓草才令人忧伤。

80. 荣华未必是荣华①

荣华未必是荣华，园里甜瓜生苦瓜②。
记得水边枯楠树③，也曾发叶吐鲜花。

　　① 选自明刘基《竹枝歌》(《诚意伯刘文成公文集》卷十)。荣华：草木开花。后一"荣华"指昌盛、美好。
　　② 甜瓜：一名甘瓜。又称果瓜、香瓜等。一年生草本。品种繁多，有圆有长，有尖有扁，以其味甘美有香气而名。苦瓜：蔓草名。又名锦荔枝、癞葡萄。七八月开小黄花，结瓜长者四五寸，短者二三寸，青色，熟则黄色自裂，果肉味微苦，可作蔬菜。
　　③ 楠：木名。本作"枏"、"柟"。生南方，干甚端伟，高者十余丈，巨者数十围，木材坚密芳香，为建筑及制造器物的良材。

【译文】

　　　　荣华未必真的是荣华，
　　　　园里的甜瓜结出了苦瓜。
　　　　记得水边枯萎的那一棵楠木，
　　　　不是又爆出了叶子开出了花？

81. 昨夜星光照湿泥①

昨夜星光照湿泥，五更依旧雨凄凄。
懊恼人心难测度，说到东方却在西。

① 选自明刘基《竹枝歌》(《诚意伯刘文成公文集》卷十)。湿泥:稀湿的地面。

【译文】

　　　　昨晚上满天的星星照着雨后的大地,
　　　　到五更依旧听到一片凄凄的雨声。
　　　　可恨人心难预测啊!
　　　　说到在东他又在西。

丁麟,字彦祥,号朴庵,海盐(今属浙江省)人。明太祖洪武进士,官给事中、御史。

82. 涌金门外春水多①

涌金门外春水多,卖鱼船子小于梭②。
三三两两唱歌去,惊起鸳鸯飞奈何③。

① 选自明丁麟《西湖竹枝词》(《明诗综》卷十二)。涌金门:注见前第60首。
② 梭:梭子。牵引纬线的织具。南朝梁元帝《古意》诗:"停梭还敛色,何时劝使君。"
③ 鸳鸯:注见前第70首。

【译文】

涌金门外渔船多,
船儿小得像把梭。
三三两两唱歌去,
惊起鸳鸯没处躲。

王佐,字彦举,原籍河东(今山西省),元末随父迁徙广东南海。明太祖洪武六年拜给事中。有《王彦举集》、《听雨轩集》、《瀛洲集》等。

83. 莫笑风前两鬓丝①

莫笑风前两鬓丝, 老来偏爱竹枝词。
若将年纪方彭祖②,八十方才是少儿③。

① 选自明王佐《竹枝词四首》(《王桐乡诗三百首》)。风前:犹"风烛"。《乐府诗集》四一古辞《怨诗行》:"百年未几时,奄若风吹烛。"因以风烛喻死亡,生命之不长。

② 方:比拟。彭祖:传说颛顼帝玄孙陆终氏的第三子,姓篯名铿,尧封之于彭城,因其道可祖,故谓之彭祖。篯铿在商为守藏史,在周为柱下史。年八百岁。

③ 方:正好。

【译文】

别笑我风吹两鬓白发如丝,
人老了不唱竹枝如何打发日子。
要是拿年龄与彭祖相比,
八十岁还是个小伙子无疑。

谢晋,一作谢缙,字孔昭,别号兰庭生、深翠道人,晚年号葵丘翁,葵丘(今河南兰考境内)人,寓居苏州。故一说吴县(今属江苏苏州)人。明初以工画被召为宫廷画家,故又客居南京二十余年。晚年患目疾,辞归乡里,尚能作画,并工吟咏。著有《兰庭集》等。

84. 水面风来浪簇花①

水面风来浪簇花, 山头月出树惊鸦②。
叶凋尚有归根日③,郎去如何不忆家。

① 选自明谢晋《竹枝词》(《兰庭集》卷下)。簇:丛聚或堆积成团。
② 树惊鸦:惊动树上的乌鸦。
③ 凋(diāo):草木枯败。唐杜牧《寄扬州韩绰判官》诗:"青山隐隐水迢迢,秋尽江南草未凋。"

【译文】

晚风吹起一簇簇浪花,
东山的明月惊动了栖鸦。
叶落尚且知道归根,
郎去了怎么不再想家!

杨士奇(1365—1444),名寓,字士奇,江西泰和人。建文帝时荐入翰林,后官至左春坊大学士,进少傅、少师。毕生为官清正廉洁。著有《东里诗集》、《三朝圣谕录》、《历代名臣奏议》等。

85. 牵车驰马夜无停①

牵车驰马夜无停,不辨容颜只辨声。
非是长歌即长叹,一般行路两般情。

① 选自明杨士奇《居庸道中竹枝》(《东里诗集》卷三)。

【译文】

  拉车的骑马的彻夜不停,
  看不到颜面只听到声音。
  不是高歌就是长叹,
  一样的赶路却有两样的心情。

86. 千车万骑度关山①

千车万骑度关山,独坐肩舆帖帖安②。
传与家人莫相忆,不曾辛苦不曾寒。

① 选自明杨士奇《居庸道中竹枝》(《东里诗集》卷三)。关山:关口与山脉。多指边关要塞。
② 肩舆:注见前第33首。帖帖:安静貌。唐韩愈《施先生墓铭》:"太学生习《毛郑诗》、《春秋左氏传》者,皆其弟子。贵游之子弟,时先生之说二经,来太学,帖帖坐诸生下,恐不卒得闻。"

【译文】

千车万骑度越关山,
我独坐着肩舆十分平安。
告诉家里人不必牵挂,
我不曾辛苦也不曾受寒。

沈周(1427—1509),字启南,号石田,晚号白石翁,长洲(今江苏苏州)人。著名画家,创"吴门画派",与文徵明、唐寅、仇英合称"明四家"。著有《石田集》、《客座新闻》、《石田诗抄》、《石田杂记》、《江南春词》等。

87. 吴江长桥如长虹①

吴江长桥如长虹,西来太湖桥下通。
我家落日水如镜,照见人影在波中。

① 选自明沈周《太湖竹枝歌二首》(《耕田斋石田诗抄》卷五)。吴江:注见前第70首。长桥:指宝带桥。注见前第68首。

【译文】

    吴江的长桥就像天上的长虹,
    西来的太湖水就从桥下通过。
    湖水在落日反照下有如一面镜子,
    照得我家仿佛是个水晶宫。

顾清(1460—1528),字士廉,松江华亭(今上海市)人。孝宗弘治五年应南京乡试,王鏊为主考,阅清文曰:"昔欧阳子谓,当让苏子瞻出一头地,斯人是也。"置第一。明年,成进士,改庶吉士,授编修,晋侍读。武宗正德初,刘瑾柄政,清独不附,出为南京兵部员外郎。瑾诛,累擢礼部右侍郎,世宗嗣位,为御史李献所劾。世宗嘉靖六年,诏举老成堪用内阁者,径推及清,乃以为南京礼部右侍郎。上言营差四出,海内骚然,请自今悉付所司停旗校无遣,从之。旋乞休,以南礼部尚书致仕。卒,谥文僖。作诗清新婉丽,天趣盎然;文章简炼醇雅,自娴法律。著有《傍秋亭杂记》、《东江家藏集》、《松江府志》。

88. 三月吴江柳正青①

三月吴江柳正青, 柳花飞去半为萍②。
蔬畦麦陇蔷薇架③,妆点田家作画屏④。

① 选自明顾清《吴江竹枝歌》(《东江家藏集》卷十三)。吴江:注见前第70首。
② 柳花句:柳花落到水面就像浮萍一样飘着。
③ 蔬畦:菜地。畦,田陇,长条地块。蔷薇:花木名。品类甚多,花色不一,有单瓣重瓣,开时连春接夏,有芳香。旧题晋陶渊明《问来使》诗:"蔷薇叶已抽,秋兰气当馥。"
④ 妆点:修饰点缀。也写作"装点"。南朝陈后主(叔宝)《三妇艳诗》之二:"小妇初妆点,回眉对月钩。"

【译文】

三月的吴江柳色青青,
柳花落到水面就像浮萍。
蔬畦、麦陇、蔷薇架,
谁把田家妆点得像画屏?

89. 四月吴江正插秧①

四月吴江正插秧，青秧白水暖生烟。
回桡转入深村里②,只见垂杨不见天。

① 选自明顾清《吴江竹枝歌》(《东江家藏集》卷十三)。
② 桡(ráo):水乡农民出坂劳动时坐的农用船。一般早出晚归。深村:村庄内部。犹村中间。

【译文】

四月的吴江忙于插秧，
水白秧青一片暖洋洋。
小船摇进村中间，
只见杨柳不见太阳。

90. 六月吴江锦作天①

六月吴江锦作天,青蒲绿柳间红莲。
渔郎日见不知爱,空在江边住百年。

① 选自明顾清《吴江竹枝歌》(《东江家藏集》卷十三)。锦:锦绣。指美丽的云彩。

【译文】

六月吴江的天空像锦绣，
青蒲绿柳还夹杂着红莲。
渔翁见惯了不知道爱惜，
空在这江边住上靠百年。

91. 九月吴江空水鲜①

九月吴江空水鲜，菊花篱落晚霞天。
诗中尽说斜川好②，不道斜川在眼前。

① 选自明顾清《吴江竹枝歌》(《东江家藏集》卷十三)。空水鲜：犹"天高水长"。南朝宋谢灵运《登江中孤屿》诗："云日相辉映，空水共澄鲜。"澄鲜是说风景清朗明丽。
② 斜川：地名。有两处：一，在江西星子县境。晋陶潜《陶渊明集》二有《游斜川》诗并序。即此地。二，在河南郏县境。宋苏过葬其父轼于汝州郏城小峨眉山，遂移家颖昌，营湖阴水竹数亩，名为小斜川，自号斜川居士，并名其所著为《斜川集》，即以斜川为名。

【译文】

九月的吴江天高水阔，
夕阳下在篱边饮酒赏菊。
诗人总说斜川好，
不知道斜川近在咫尺。

92. 腊月吴江更自妍①

腊月吴江更自妍，梅花开近竹林边。
王猷可惜空归去②，不见新晴雪后天。

① 选自明顾清《吴江竹枝歌》(《东江家藏集》卷十三)。腊月：农历十二月。以是月腊祭百神，故谓之腊月。自妍：本来就很美丽。
② 王猷：即王子猷，王羲之之子。子猷住在山阴。夜里下了场大雪，忽然想起了老朋友戴安道；当时戴住在嵊州，就立即连夜坐小船前往。经过一夜才

到了那里,可是到门前又不进去,而且回身就走。有人问这是为什么? 王说:"我本来是乘一时高兴才来,兴致没了就返回,所以何必见戴?"空归去:无所得而回去。

【译文】

腊月的吴江本来就很美丽。
梅花开放在竹林边。
可惜子猷访戴白跑一趟,
见不到雪后初霁的好晴天。

顾璘(1476—1545),字华玉,吴县(今江苏苏州)人。弘治进士,官广平知县、南京刑部尚书。以诗著名,号称"金陵三俊"之一。著有《浮香集》、《山中集》、《息园诗文稿》、《国宝新编》等。

93. 利斧樵山得大枝[①]

利斧樵山得大枝,良媒结好有佳期[②]。
十八女儿空谷里,玉面花颜谁得知[③]。

① 选自明顾璘《采樵歌效竹枝体》(《顾华玉集》卷十七《息园存稿·诗》二)。
② 佳期:凡欢叙之日,通称佳期。也称婚期。
③ 玉面:形容容颜美好。与"花颜"意思相似。

【译文】

锋利的斧头才能砍倒一棵大树,
好的夫婿也全靠有人介绍。
十八岁的姑娘长在深山里,
纵有花容月貌又有谁知道。

94. 近林萧条无可薪[①]

近林萧条无可薪, 远山猛虎啮生人[②]。
寄言城市游盘子[③],何地生涯不苦辛。

① 选自明顾璘《采樵歌效竹枝体》(《顾华玉集》卷十七《息园存稿·诗》

二)。萧条:凋零。
② 啮(niè):(鼠、兔等动物)用牙啃或咬。
③ 寄言:犹言寄语。传话;转告。游盘子:犹游民,不务正业者。

【译文】
  近处的山上已无樵可采,
  远处的山上又怕窜出老虎来。
  转告城里那些游手好闲的人,
  生活本来就有这么艰险。

何景明(1483—1521),字仲默,号大复山人,河南信阳人。孝宗弘治十五年进士,授中书舍人,以忤刘瑾,坐罪落职。武宗正德五年,刘瑾伏诛,起复故官,累官吏部员外郎,陕西提学副使。在文学创作上,与李梦阳并称"何李",为明代前七子首领之一。享年三十九岁。有《大复集》。

95. 十二峰头秋草荒①

十二峰头秋草荒,冷烟寒月过瞿塘②。
青枫江上孤舟客③,不听猿声亦断肠④。

① 选自明何景明《竹枝词》(《大复山人诗集精华录》卷八)。十二峰:注见前第11首。
② 瞿塘:注见前第4首。
③ 青枫江:泛指两岸多枫树的江面。
④ 断肠:注见前第1首。

【译文】

十二峰上头秋草枯黄,
冷烟寒月下经过瞿塘。
孤舟一叶飘泊在青枫江上,
就是不听猿声人也会变老。

杨慎(1488—1559),字用修,号升庵,四川新都(今成都市)人。武宗正德六年,举进士第一,授修撰。武宗出居庸关微行,抗疏谏。世宗立,充经筵官。大礼议起,杨慎与同列极谏,帝命执首事下狱。他与王元正等撼门大哭,帝愈怒,悉下诏狱廷杖之。削籍,谪戍云南永昌卫,卒。熹宗天启中,追谥文宪。杨慎投荒多暇,书无不览。他记诵之博,著述之富,明时推为第一。有《升庵集》、《铅丹余录》、《三苏文范》等。他又工乐府,有南杂剧《宴清都天元记》、《兰亭会》等。相传他在泸州时,尝醉,胡粉傅面,作双丫髻,插花,门生舁之,诸妓捧觞,游行城市,了不为忤,可见他为人放佚的一斑。

96. 夔州府城白帝西①

夔州府城白帝西,家家楼阁层层梯。
冬雪下来不到地,春水生时与树齐。

① 选自明杨慎《竹枝词》(《升庵集》)。夔州府:注见前第23首。白帝城:注见前第2首。

【译文】

> 夔州府城在白帝城西边,
> 家家楼阁连着条条扶梯。
> 冬雪下来落不到地面,
> 春水涨时与树木并齐。

97. 江头秋色换春风①

江头秋色换春风,江上枫林青又红。
下水上风来往惯,一生长在马船中②。

① 选自明杨慎《竹枝词》(《升庵集》)。江头:犹江上。头字无意义。
② 长:经常。马船:犹旅途。即不是骑马,就是坐船。

【译文】

江上的秋色换成春风,
江边的枫林由青变红。
风里浪里来往惯,
一生常在旅途中。

98. 最高峰顶有人家①

最高峰顶有人家,冬种蔓青春采茶②。
长笑江头来往客,冷风寒雨宿天涯③。

① 选自明杨慎《竹枝词》(《升庵集》)。
② 蔓(mán)青:蔬菜名。又名芜青。俗称大头菜。根块肉质,可供蔬食。
③ 天涯:即天涯海角,形容极远的地方。

【译文】

最高的山顶也有人家居住,
冬天种蔓青春天就采茶。
可笑江上上上下下的过客,
通年都在寒风冷雨中度生涯。

99. 无义滩头风浪收①

无义滩头风浪收,黄云开处见黄牛②。
白波一道清风里,听尽猿声是峡州③。

① 选自明杨慎《竹枝词》(《升庵集》)。无义滩:滩名。具体不详。收:止歇,结束。《文选·三国魏应璩(休琏)〈与广川长岑文瑜书〉》:"今者,云重积而复散,雨重落而复收。"

② 黄牛:地名。在湖北宜昌县西。又名黄牛山。下有黄牛滩。南岸重岭叠起,高崖间有石,如人负刀牵牛,人黑牛黄,江流迂回,虽途经信宿,犹望见此石。故行者有谣:"朝发黄牛,暮宿黄牛。三朝三暮,黄牛如故。"

③ 峡州:即今湖北宜昌。亦作"硖州"。

【译文】

过了风浪险恶的无义滩,
黄云飘走就看得见黄牛。
船只在白浪中向前行进,
听够了猿声就到了峡州。

邵圭洁,字伯如,一字茂斋,号北虞,常熟(今属江苏省)人。生卒年不详,约嘉靖十九年前后在世。有文名,与瞿景淳、严讷等结社会文,时称十杰,推圭洁为领袖。嘉靖四年举人,选德清教谕,寇乱,邑令王铁造庐问计,上筑城四策,城赖以全。后卒于任。圭洁诗妥适而乏警策,唯散文笔力颇纵宕,所著有《北虞先生遗文》八卷,传于世。

100. 鱼尾晴霞片片明①

鱼尾晴霞片片明,　鸭头新水半塘生②。
平川荡桨一十里③,深巷卖花三五声。

① 选自明邵圭洁《姑苏竹枝词》(《明诗综》卷四十八)。鱼尾:鱼尾状的云彩。
② 鸭头:即"鸭头绿"。绿色。《急就篇》二"春草鸡翘凫翁濯"唐颜师古《注》:"春草、鸡翘、凫翁,皆谓染彩而色似之,若今染家言鸭头绿、翠毛碧云。"
③ 平川:广阔平坦的陆地。川,陆地。唐杜甫《秋日夔府咏怀奉寄郑监李宾客一百韵》:"有时惊叠嶂,何处觅平川?"

【译文】

　　　　鱼尾状的晚霞璀璨明亮,
　　　　鸭头绿的春水随波荡漾。
　　　　在十里平川上打着双桨,
　　　　远远的卖花声来自深巷。

沈明臣(1518—1596),字嘉则,鄞县(今浙江宁波)人。嘉靖中为诸生,有诗名,与徐渭同参胡宗宪幕。宗宪宴将士于烂柯山,明臣作《铙歌》十章,援笔立就,中有云"狭巷短兵相接处,杀人如草不闻声"。宗宪起,捋其须云:"何物沈生,雄快乃尔!"命刻于石。后宗宪逮系卒于狱,宾客星散,惟明臣持所作诔词,遍为讼冤。著作有《越草》一卷、《丰对楼诗选》四十三卷。另著有《荆溪唱和诗》、《吴越游稿》、《通州志》等。

101. 青黄梅气暖凉天①

青黄梅气暖凉天,红白花开正插田。
燕子巢边泥带水,勃鸪声里雨如烟。

① 选自明沈明臣《萧皋别业竹枝词十首》(《丰对楼诗选》卷二)。

【译文】

黄梅天气乍暖还寒时候,
红白花开正是插秧季节。
燕子筑巢拖泥带水,
勃鸪声里细雨如烟。

徐渭(1521—1593),字文长,别号青藤道士、天池山人,山阴(今浙江绍兴)人。多才多艺,书画、诗文、戏曲等均有极高的成就,然一生坎坷,贫病而死。著作有《徐文长集》、《南词叙录》、《四声猿》等。

102. 杏子红衫一女郎①

杏子红衫一女郎,郁金衣带一苇杭②。
堤长水阔家何在?十里荷花分外香。

① 选自明徐渭《鉴湖竹枝词》(《徐文长三集》卷十一)。
② 郁金:香草名。叶片长圆形,夏季开花。块根黄色,有香气,古人或浸水作染料。一苇:捆苇草当筏。后用作小船的代称。《诗·卫风·河广》:"谁谓河广?一苇杭(通'航')之。"孔颖达《疏》:"言一苇者,谓一束也;可以浮之水上而渡,若桴栰然,非一根苇也。"

【译文】

淡红的衣衫金黄色的衣带,
驾着条小船在水面上摇摆。
堤长水阔哪里是她的家?
看不尽的莲塘闻不完的荷香。

103. 越女红裙娇石榴①

越女红裙娇石榴, 双双荡桨在中流②。
憨妆又怕旁人笑③,一柄荷花遮满头④。

① 选自明徐渭《镜湖竹枝词》(《徐文长三集》卷十一)。越:指今绍兴一带

地方。娇石榴:比石榴还娇艳。石榴:植物名。以汉武帝时张骞自西域城国安国传入内地,故又名安石榴。夏月开花,果实形如球,熟则色红而开裂

② 荡桨:即"荡舟"。划船。唐刘禹锡《采菱行》:"荡舟游女满中央,采菱不顾马上郎。"中流:江河的中段。

③ 憨(hān):傻气,娇痴。憨妆,即傻里傻气的妆饰。

④ 一柄:犹一朵。因为花连着茎,故曰柄而不曰朵。

【译文】

越女们的红裙比石榴还娇艳,
三三两两在河当中划船。
傻里傻气的打扮又怕旁人嗤笑,
赶快拿柄荷花把脸遮起来。

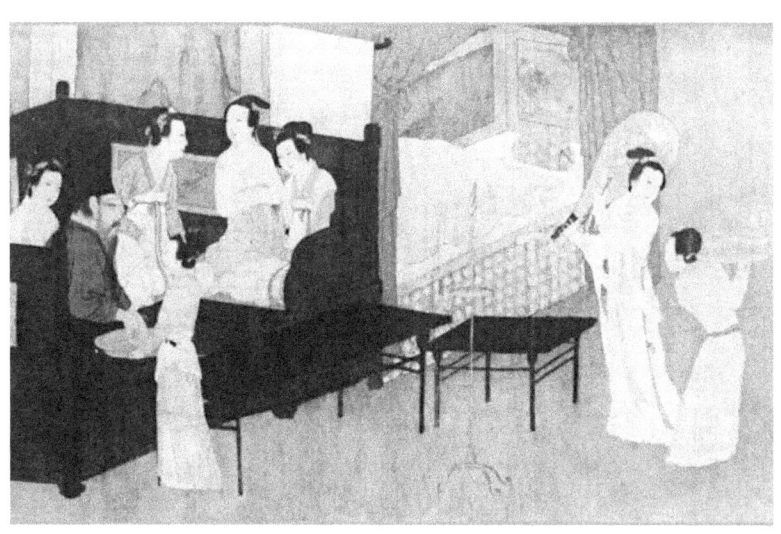

王叔承(1537—1601),字承父,别号昆仑山人,吴江(今江苏苏州)人。少孤,弃举子业。为诗豪宕莽苍,天才秀发,受王世贞兄弟称赞。所作《汉宫曲》流传宫内。好嗜酒,喜游历,著有《吴越游篇》、《楚游篇》、《荔枝篇》等。

104. 月出江头半掩门①

月出江头半掩门, 待郎不至又黄昏。
夜深忽听巴渝曲②,起剔残灯酒尚温③。

① 选自明王叔承《巴人竹枝歌》(《列朝诗集》丁九)。半掩:半开半关。
② 巴渝曲:即竹枝歌。巴,古国名。位于今重庆市及四川省东部一带地方。渝,地名。四川重庆的别名。
③ 剔(tī)灯:挑灯。点油灯,常要挑起灯芯,剔除余烬,使灯光加亮。宋范成大《晓枕闻雨》诗:"剔灯寒作伴,添被厚加埋。"酒:为郎准备的酒。

【译文】

初升的月亮照着半掩的门,
等郎直等到黄昏。
半夜里听得有人唱竹枝,
起来拨亮灯盏酒还是温吞吞。

105. 白帝城高秋月明①

白帝城高秋月明, 黄牛滩急暮潮生②。
送君万水千山去③,独自听猿到五更。

① 选自明王叔承《巴人竹枝歌》(《列朝诗集》丁九)。白帝城:注见前第

2首。

② 黄牛滩:注见前第99首"黄牛"。

③ 万水千山:形容道路遥远多险阻。唐贾岛《送耿处士》诗:"万水千山路,孤舟几月程。"

【译文】

  秋天的月亮高挂在白帝城城头,
  黄牛滩上的晚潮正在升腾。
  送郎千山万水出门去,
  我独个儿听猿声到五更。

106. 杨柳青青酒店门①

杨柳青青酒店门, 阿郎吹火妾开樽②。
千金买得文章去③,不记当时犊鼻裈④。

① 选自明王叔承《巴人竹枝歌》(《列朝诗集》丁九)。

② 吹火:以口吹气,使火加旺。《太平广记》二五一引《笑言》:"夫自外归,见妇吹火,乃诗曰:'吹火朱唇敛,添薪玉腕斜。遥看烟裹面,恰似雾中花。'"樽:盛酒器。本作"尊"。也作"罇"。

③ 文章:指诗赋等作品。清吴梅村有诗云:"莫教词赋逢人卖,愁把黄金聘茂陵。"刘歆《西京杂记》三:"司马相如将聘茂陵人女为妾,卓文君作《白头吟》以自绝,相如乃止。"

④ 犊鼻裈(kūn):短裤,或谓围裙。《史记·司马相如传》:"相如身自着犊鼻裈,与保庸杂作。"此句借司马相如的事告诫那些富贵忘本的人。

【译文】

  青青的杨柳拂着酒店的门,
  郎吹气烧火我打开酒樽。
  千金的高价卖掉了文章,
  不记得当时穿着犊鼻裈。

屠隆(1543—1605),字纬真,一字长卿,浙江鄞县(今宁波市)人。神宗万历进士。曾任礼部主事。罢官归籍后,卖文为生。著有《鸿苞》、《考槃余事》、《白榆》、《采真》、《南游》等。

107. 龙丘少年美丰姿①

龙丘少年美丰姿,傅粉施朱抹口脂②。
洛浦浑疑拾翠女③,长安恐是卖珠儿④。

① 选自明屠隆《江南竹枝》(《古今词统》卷二)。龙丘:地名。在湖北黄冈县北一百二十里。
② 口脂:用以滋润皮肤防止寒冻燥裂的唇膏。唐杜甫《腊日》:"口脂面药承恩泽,翠馆银罂下九霄。"
③ 洛浦:谓洛水之滨。张衡《思玄赋》:"召洛浦之宓妃。"浑:简直,几乎。唐杜甫《春望》:"白头搔更短,浑欲不胜簪。"拾翠:拾取翠鸟羽毛以为首饰,后以指妇女春日嬉游的景象。
④ 长安:古都城。故城在今陕西西安市西北。卖珠儿:售卖珠子首饰者。

【译文】

龙丘的少年风度翩翩,
傅粉施朱还抹上口脂。
洛浦人错看成游春的少女,
长安人误认为是个卖珠儿。

108. 木槿编笆土筑墙①

木槿编笆土筑墙,田家住在水中央。
四月穿绵六月冷,门前夜夜稻花香。

① 选自明屠隆《江南竹枝》(《明诗综》卷四十七)。木槿(jǐn)：木名。落叶灌木，夏秋开红、白或紫色花，朝开暮敛。花朵像喇叭，俗称"碗碗花"，南方人常种作篱笆。近人刘大白有《界树晚望》诗云："槿篱曲曲雨初过，好趁新晴晒旧蓑；几树绿杨遮不住，渔家门外夕阳多。"

俗语说："长江无六月，深山夜夜寒。"这首诗可以为证。

【译文】

木槿篱笆黄土墙，
农民把屋子建在水中央。
六月里夜夜盖棉被，
八月中阵阵稻花香。

周履靖(1549—1640),字逸之,初号梅墟,改号螺子,晚号梅颠,嘉兴(今属浙江省)人。他隐居不出,好金石书画,工诗词,有《梅颠稿选》、《闲云稿》、《咏物诗》等。

109. 夜来春雨溢春田①

夜来春雨溢春田, 江上蘼芜远接天②。
赤脚渔娃晨入市③,柳条带雨串银鳊。

① 选自明周履靖《江南竹枝词四首》(《明诗综》卷六十五)。春雨一作"时雨"。溢(yì):满而外流。
② 蘼芜:注见前第49首。
③ 赤脚句:一作"青笠绿蓑双跣足"。渔娃:渔家姑娘。

清谢墉《食味杂咏》有"网船婆"一则可以参考:"家乡名渔家之船曰网船,渔妇曰网船婆。夏秋鱼虾盛时,网船婆蓑笠赤脚,与渔人分道卖鱼虾,自率儿女携虾桶登岸,至所识大户厨下卖虾,易钱回船,不避大风雨。"

【译文】

昨晚上一阵时雨灌满了稻田,
江边的蘼芜远接到天边。
赤脚的渔娃一早来到市场,
湿漉漉的柳条贯穿着银鳊。

费尚伊,字国聘,号似鸿。湖广沔阳(今湖北仙桃)人。神宗万历五年进士,官兵科给事中、陕西按察金事。有《市隐园集》三十卷。

110. 瞿塘江上水涟如①

瞿塘江上水涟如,日日江头市鲤鱼②。
拿舟渔子休相讶,怕有狂夫一纸书③。

① 选自明费尚伊《竹枝词六首》(《市隐园集》卷十五)。瞿塘:注见前第4首。涟如:垂泪貌。《易屯》:"乘马班如,泣血涟如。"此处或作多解释。
② 鲤鱼:鱼的一种。但别一解释为书信。《文苑英华》八九唐独孤及《为吏部李侍郎祭苏州李中丞》文:"白马龙辀,鲤书遂绝。"
③ 狂夫:古时妇女对其丈夫的谦称,如后世所谓"拙夫"。

【译文】

> 瞿塘江上水波涟如,
> 每日到江边购买鲤鱼。
> 撑船的老大不必惊奇,
> 鱼肚中怕有我丈夫的家书。

111. 郎去东吴妾在家①

郎去东吴妾在家, 春风孤负几年花②。
金钿宝靥无心理③,独向江头自浣衣。

① 选自明费尚伊《竹枝词六首》(《市隐园集》卷十五)。东吴:指长江下游

苏南、浙江一带地方。

② 春风句:以花自比,表示自己受了委屈。

③ 金钿:金花钗。妇女首饰。靥(yè):颊辅上的微涡。也指妇女颊上所涂的装饰物。宝靥就是指这些装饰物。

【译文】
　　　　　　郎去东吴妾留在家里,
　　　　　　青春年少白白地浪费时光。
　　　　　　金钿宝靥都无心料理,
　　　　　　独自在江边把纱漂洗。

袁宏道(1568—1610),字中郎,号石公,湖广公安(今属湖北省)人。万历二十年进士,官至稽勋郎中。曾任吴县令,关心民间疾苦。后因病告假退隐,浪迹江湖,漫游吴越。诗文主张妙悟,反对前后七子的模拟涂饰,提出"独抒性灵,不拘格套"的口号,一时成为风气,被称为"公安派"。"三袁"中数他成绩最大,是该派的代表。有《袁宏道集》。

112. 贾客相逢倍惘然①

贾客相逢倍惘然, 梗楠杞梓下西川②。
青天处处横貂虎③,鬻女陪男偿税钱④。

① 选自明袁宏道《竹枝词》(《袁中郎全集》卷九)。贾(gǔ)客:商人。贾,作买卖。惘然:失意貌,不知所措。
② 梗楠杞梓(pián nán qǐ zǐ):四种木材名。
③ 青天:原指天空。这里是说普天之下,犹全国。貂虎:指明代以刘瑾为首的宦党。刘瑾,陕西兴平人。本姓谈。初在太子宫。太子(武宗)即位,正德元年任司礼监,为帝所宠信,专朝政。与宦官马永成、高凤、谷大用等七人结党营私,残害异己,屡兴大狱,贪污纳贿,刻剥百姓,人称"八虎"。正德五年,以谋反罪处死。貂:即貂珰(diāo dāng),是汉代中常侍冠上的两种饰物。后以作宦官的别称。
④ 鬻(yù)女陪男:卖女再加上卖儿。

【译文】
客商相见没有不连连叹息,
梗楠杞梓来自西川。
到哪里都逃不出貂虎的魔掌,
只好卖儿卖女抵税钱。

113. 雪里山茶取次红①

雪里山茶取次红,　白头孀妇哭春风。
自从貂虎横行后②,十室金钱九室空。

　　① 选自明袁宏道《竹枝词》(《袁中郎全集》卷九)。山茶:亦称"茶花"。山茶科。常绿灌木或小乔木。冬春开花,大红色。取次:任意,随便。引申为充裕、宽舒。
　　② 貂虎:注见前第112首。

【译文】

　　　　　雪中的山茶开出血红的花朵,
　　　　　白头的寡妇在寒风中痛哭。
　　　　　自从貂虎横行后,
　　　　　十室九空怎能过生活!

王思任(1574—1616),字季重,浙江山阴(今绍兴市)人。明神宗万历二十三年进士,曾任九江佥事。清兵破南京,鲁王监国,出任礼部右侍郎、尚书。清世祖顺治三年,绍兴城破,绝食而死。工于画,善于弈。有《弈律》、《百家论抄》、《王季重十种》等。

114. 艳阳一窦淡中妆①

艳阳一窦淡中妆,红紫三春尽罢芳②。
乱去看春春看得,人间天上不空忙③。

① 选自明王思任《竹枝词》(《避园拟存诗集》)。淡中妆:将云隙间透漏的艳阳以淡妆的女子作比方。
② 三春:春季的第三个月,即"暮春"。
③ 人间天上:人间指看春人;天上指春天。

【译文】

夕阳从云隙间露了最后一面,
万紫千红的春天也正在告退。
随便看春春也自在,
人间天上都满意而归。

伍瑞隆(1585—1666),字国开,又字铁山,香山(今广东中山)人。

115. 蝴蝶花开蝴蝶飞①

蝴蝶花开蝴蝶飞,鹧鸪草长鹧鸪啼②。
庭前种得相思树③,落尽相思人未归。

① 选自明伍瑞隆《竹枝词》(《胭脂纪事》)。蝴蝶花:亦称"日本鸢尾"。鸢尾科。多年生草本,具生根状茎。初夏开花,花蝶形,淡紫色。
② 鹧鸪草:或即鹧鸪菜。亦称"美舌藻"。红藻门,红叶藻科。中国浙江、福建、广东等地沿海都有生长。供药用。鹧鸪:鸟名。注见前第146首。
③ 相思树:木名。古代传说,宋康王夺其舍人韩凭妻何氏,夫妇皆自杀,两冢相望,旦夕之间,冢顶各生大梓木,旬日长大盈抱,两树屈体相就,根交于下,枝错于上。又有鸳鸯一对,恒栖树上,晨夕不去,交颈悲鸣。宋人哀之,因号其木为相思树。

【译文】

蝴蝶花开蝴蝶飞,
鹧鸪草长鹧鸪啼。
庭前种了棵相思树,
相思子落尽人不知道在哪里?

卓发之(1587—1638),字左车,号莲旬,瑞安(今属浙江省)人。博通书,精于内典,著有《漉篱堂集》。

116. 白公堤畔草离离①

白公堤畔草离离,别样湖山绝可思。
个中风景谁当似,苏小当年未嫁时②。

① 选自明卓发之《西湖竹枝词》(《历代诗话》卷七十)。白公堤:即白堤。其实,白堤为"白沙堤"之略,非"白公"所筑。清毛西河辩之甚详,《西河诗词话》卷三云:"杭州钱塘湖中有一堤,穿于湖心,作志者初称白堤,后称白公堤,谓白乐天为刺史时所筑。及读《杭州春望》诗,有云:'谁开湖寺西南路,草绿裙腰一道斜。'则并非白筑,未有己所开堤而反曰谁开者。且诗下自注云:'孤山寺路在湖洲中,草绿时望如裙腰。'是必前有此堤,而故注以证己诗。其非初开可知也……尝考此堤名白沙堤,乐天《钱塘湖春行》有云:'最爱湖东行不足,绿杨阴里白沙堤。'则意此堤本名白沙,或有时去沙字单称白堤,而白字恰与乐天姓合,遂误称白公。"离离:分披繁茂貌。《诗·王风·黍离》:"彼黍离离,彼稷之苗。"
② 苏小:即苏小小。南齐钱塘名歌妓。也省作"苏小"。

【译文】

分披繁茂的草儿遮掩着白沙堤,
美丽的西湖谁能与之相比?
如果就近打一个比方,
未出嫁的苏小小比较适宜。

卓人月(1606—1636),字珂月,浙江仁和(今杭州市)人。贡生,与孟称舜、袁于令颇有交谊。人月工词曲,有《寤歌词》十二卷,及《花舫缘》杂剧一本。又著有《词统》一书,杂记词林琐闻,王士禛评为"搜采鉴别,大有廓清之力"。诗亦奇肆,有《蟾台》、《蘂渊》等集。

117. 两岸高楼倚白榆①

两岸高楼倚白榆,楼头人面映虾须②。
雨丝风片有时有,云黛烟鬟无日无③。

① 选自明卓人月《秦淮竹枝》(《明诗纪事》辛签卷二十三)。白榆:树名。见《尔雅·释木》。唐岑参《轮台即事》:"三月无青草,千家尽白榆。"
② 虾须:帘子;帘子的流苏。《唐诗纪事》三五陆畅《咏帘》:"劳将素手卷虾须,琼室流光更缀珠。"
③ 云黛烟鬟:云烟。以黛鬟作比,表示生动。

【译文】

　　　　两岸的高楼紧靠着白榆,
　　　　楼上的美人掩映着虾须。
　　　　云黛烟鬟天天有,
　　　　雨丝风片有时无。

徐世溥(1608—1657),字巨源,江西新建人。年十六,补诸生。艾南英闻其名,约为兄弟。钱谦益、姚希孟、万时华等皆以枓斗推之。南赣巡抚泮曾纮得王执俭所修《宋史》,特嘱他重加更定。明亡后,山居晦迹,绝意仕进。陈名夏秉政,作书遣司理持礼致聘,坚拒不受。是夜,有盗入室索币,被火炙死。世溥才雄气盛,屡试不第,以著述自娱。有《榆墩集》、《榆溪诗抄》、《逸诗》、《韵丛》、《夏小正解》、《易系》等,并传于世。

118. 向西小县半无城[①]

向西小县半无城,避寇才归又避兵[②]。
村落如焚今掠尽,更无野哭与禽声[③]。

① 选自明徐世溥《楚谣》六(《榆溪诗抄》卷上)。原注:"自蕲以西,人鸟都绝。百姓逃亡,不敢复还。三年前野有哭声,近并无哭者。"
② 寇:是对李自成等农民起义军的蔑称。兵:官兵。
③ 野哭:野祭时人在墓前哭泣。

【译文】

西边的小县有一半都已无城,
避流寇刚回来又要避官兵。
村庄像火烧过一样干净,
更听不到从前的野哭和鸟声。

黄周星(1611—1680)，字九烟，又字景虞，上元(今江苏南京)人。明思宗崇祯十三年进士。授户部给事中，不就职。明亡后，改名黄人，字略似，寄居湖州。七十岁时自沉南浔河死。周星工诗，著有《刍狗斋集》《九烟诗抄》等。

119. 山川不朽仗英雄①

山川不朽仗英雄，浩气能排岱岳松②；
岳少保同于少保③，南高峰对北高峰。

① 选自明末清初黄周星《西湖竹枝词》(《西湖志》卷之四十一)。山川：山河。古人认为山川是地方的主要标志，故泛指一地或一境界皆谓山川。这里是指整个国家。仗：凭倚，依靠。《史记·春申君传》："王若负人徒之众，仗兵革之强……臣恐其有后患也。"

② 浩气：浩然之气，即正大刚直之气。明杨继盛临刑作："浩气还太虚，丹心照千古。"(见《明史·杨继盛传》)排：推。岱岳：泰山。

③ 少保：官名。《书·周官》："少师、少傅、少保，曰三孤。"孤，谓特殊；言其卑于公，尊于卿，置此三人，为三公之副。岳飞与于谦生前都被封为"少保"的官爵。

袁枚有一首《谒岳王墓作十五绝句》，内容与此诗相似，也是歌颂岳、于两人的。诗云："江山也要伟人扶，神化丹青即西湖。赖有岳于双少保，人间才觉重西湖。"

【译文】

国家长盛全靠英雄扶持，
浩然正气能推动泰山的劲松；
岳少保与于少保，
就像巍然屹立的南北两高峰。

杜濬(1611—1687),字于皇,号茶村,黄冈(今属湖北省)人。明季诸生。清军入关后,终身不仕,隐居金陵。诗文豪健,著有《变雅堂集》。

120. 谁家少妇一身新①

谁家少妇一身新, 着锦穿红嫁比邻②。
女伴不须相健羡③,早间初是未亡人④。

① 选自明末清初杜濬《竹枝词》(《杜茶村诗钞》卷四)。
② 比邻:邻近。唐王勃《杜少府之任蜀州》诗:"海内存知己,天下若比邻。"
③ 健羡:非常羡慕。元稹《遣病》诗之三:"忆作孩稚初,健羡成人列。"
④ 未亡人:旧时寡妇自称之辞。俗称"孤孀"。《左传》成九年:"穆姜出于房,再拜曰:'大夫勤辱,不忘先君,以及嗣君,施及未亡人。'"

【译文】
　　谁家少妇一身新衣裳,
　　穿红着绿嫁给隔壁的新郎。
　　女伴们也不必过分羡慕,
　　今早上她还是个孤孀。

121. 马上谁家白面郎①

马上谁家白面郎, 如何衣锦不还乡②?
点金扇底乌纱帽③,归去听人讲报章④。

① 选自明末清初杜濬《竹枝词》(《杜茶村诗钞》卷四)。原注:"时传濉水一锦衣不识朝报,特延一西席讲解,此盖记实事也。"白面郎:即白面书生。含有年轻识浅的讥讽的意思。

② 衣锦还乡:谓富贵归故乡。《梁书·柳庆远传》:"四年,出为……雍州刺史,高祖(梁武帝)饯于新亭,谓曰:'卿衣锦还乡,朕无西顾之忧矣。'"

③ 点金扇:糁有金色的扇子。底:犹里,面上。乌纱帽:帽名。东晋时宫官着乌纱帢。南朝宋明帝初,建安王休仁制乌纱帽,以乌纱抽扎帽边,民间谓之司徒状。隋代帝王贵臣多服黄纹绫袍、乌纱帽、九环带、乌皮靴。其后逐渐行于民间,贵贱皆服。自折上巾行后,乌纱帽渐废。

④ 报章:犹朝报。封建王朝的公报。刊载诏令、奏章及官吏任免等事。汉唐诸朝由诸藩京邸传抄转报,谓之邸抄或邸报。后世有由内阁抄发的,称为阁抄。清代称为朝报,又名京报。

【译文】

骑在马上的是哪个白面书生,
升了官为何还不衣锦还乡?
摇着点金的扇子戴着乌纱的帽,
回到家里还得请人讲报章。

122. 老店驰名刘鹤家①

老店驰名刘鹤家,三钱买得好乌纱②。
昨来误怪称呼别,乞丐相逢总唤爷。

① 选自明末清初杜濬《竹枝词》(《杜茶村诗钞》卷四)。驰名:名声远扬。《三国志·魏书·杜畿传》注引《杜氏新书》:"(李)丰竟驰名一时,京师之士,多为游说。"

② 乌纱:即乌纱帽。注见前第121首。

俗语说:"只认衣衫不认人。"就是这首诗的意思。

【译文】
　　　　声名远扬的百年老店刘鹤家,
　　　　我花了三钱银子买了顶乌纱。
　　　　奇怪的是昨天称呼变了样,
　　　　乞丐碰到我都唤爷。

方文(1612—1669),字尔止,一名一来,字明农,号涂山,安徽桐城大族。少年丧父,以游食、行医、卖卜为生。清军入关后,隐居于金陵。其诗浅显朴实,颇得大诗人施闰章、陈维崧等的好评。著有《涂山集》。

123. 侬家住在大江东①

侬家住在大江东,妾似船桅郎似篷。
船桅一心在篷里,篷无定向只随风②。

① 选自明末清初方文《竹枝词》(徐璈辑《桐旧集》)。大江东:长江以东,自汉至隋唐称自安徽芜湖以下的长江下游南岸地区为江东。
② 无定向:没有一定的方向。

【译文】

我家住在长江以东,
我像船桅郎就像船篷。
船桅一心在篷里,
船篷没有定向只随风。

124. 春水新添几尺波①

春水新添几尺波,荡舟小妇善容歌②。
笑指侬如江上月,团圆时少缺时多。

① 选自明末清初方文《竹枝词》(徐璈辑《桐旧集》)。
② 小妇:少妇。善容歌:善于唱歌。容,副词,当。

【译文】

　　　　春江水涨涨高了几尺,
　　　　划船的少妇善于唱歌。
　　　　她指着明月笑着说:
　　　　我是圆时少来缺时多。

125. 楼上春风吹小窗①

楼上春风吹小窗, 愁人独坐俯晴江②。
沙鸥汀鹭皆成匹③,岂独鸳鸯是一双④。

① 选自明末清初方文《竹枝词》(徐璈辑《桐旧集》)。
② 愁人:有忧思的人。这里似指思妇,即怀念丈夫远行的妇人。
③ 沙鸥、汀鹭:均系水鸟。
④ 鸳鸯:注见前第70首。

【译文】

　　　　春风吹进楼上的小窗,
　　　　思妇独坐窗边向江上远眺。
　　　　不但鸳鸯不离不弃,
　　　　沙鸥汀鹭也知道成对成双。

126. 清晨旅舍降婵娟①

清晨旅舍降婵娟,便脱红裙上炕眠②。
傍晚起来无个事,一回小曲一个烟。

① 选自明末清初方文《京师竹枝词》(钮琇《觚賸续编》卷一引)。降:降

临。有自天而降、突然到来之意。婵娟(chán juān):形态美好。此指妓女。

② 炕(kàng):北方人用土坯或砖砌成的睡觉用的长方台,上面铺席,下面有孔道,跟烟囱相通,可以烧火取暖。

【译文】

大清早店里突然来了个姑娘,
脱掉红裙就往炕上躺。
傍晚时起来闲着无聊,
唱一回小曲烧一通烟草。

127. 牛车无数塞天街①

牛车无数塞天街, 俱是兵儿运草柴。
科道相逢谁敢唱②,欠身立马任挤排③。

① 选自明末清初方文《都下竹枝词》(《涂山续集》一)。天街:京城中的街道。

② 科道:明清都察院衙门,设吏、户、礼、兵、刑、工六科给事中,及京畿辽沈等各道监察御史,统称科道。唱:唱喏。古代下属见上官,叉手行礼,同时扬声致敬,叫作唱喏。

③ 欠身:身略侧动,作欲起立状。表示尊敬。

这首诗写出了清朝军事占领者的蛮横无礼。

【译文】

大街上来了无数牛车,
都是为大兵运送粮草。
官儿们相见不敢行礼,
只站在一边任其冲撞。

128. 自昔旃裘与酪浆①

自昔旃裘与酪浆，而今啜茗又焚香②。
雄心尽向蛾眉老③，争肯捐躯入战场④。

① 选自明末清初方文《都下竹枝词》(《涂山续集》一)。旃(zhān)裘：毡制的衣服。酪浆：牲畜的乳汁。
② 啜茗(chuòmíng)：饮茶。唐杜甫《重过何氏五首》诗："落日平台上,春风啜茗时。"焚香：烧香。北周庾信《三月三日华林园马射赋》："属车酾酒,复道焚香。
③ 蛾眉：蚕蛾的触须,弯曲而细长,如人的眉毛。比喻女子长而美的眉毛。也借为美人的代称。
④ 争肯：怎肯。
讽刺那些胜利者志得意满、日益颓废的生活状况。

【译文】

从前穿的是旃裘喝的是酪浆，
如今却变成啜茗又焚香。
雄心壮志都向美人耗尽，
哪还肯为国牺牲赴疆场。

129. 老妇樵苏力已衰①

老妇樵苏力已衰，日寻牛马粪盈箕②。
晚来头戴箕归舍，小雨濛淞万泪垂③。

① 选自明末清初方文《都下竹枝词》(《涂山续集》一)。樵苏：打柴割草。《史记·淮阴侯传》："臣闻千里馈粮,士有饥色,樵苏后爨,师不宿饱。"《集解》

引《汉书·音义》:"樵,取薪也;苏,取草也。"

② 牛马粪:晒干后可作燃料。

③ 濛凇(méng sōng):细雨弥漫。

这个"老妇"是指"满妆群婢",见前一首可知:"满妆群婢概无夫,针线佣工立路隅。每日百钱持送主,无钱罚饿使樵苏。"

【译文】

老婆子又是砍柴又是割草,
每日捡牛粪马粪一箩筐。
傍晚时顶着箩筐回家去,
细雨濛凇,老泪盈眶。

130. 故老田居好是闲①

故老田居好是闲, 无端荐起列鸳班②。
一朝谪去上阳堡③,始悔从前躁出山。

① 选自明末清初方文《都下竹枝词》(《涂山续集》一)。故老:年老多阅历的人。多指元老旧臣。

② 荐:推荐。鸳班:即鸳行,喻朝官之班列。鸳通"鹓"。

③ 上阳堡:即尚阳堡。在辽宁开原县东四十里。旧名靖安堡。满语称其地为台尼堪。尼堪者,汉人之谓。清康熙时平云南,附属吴三桂之滇人,悉配戍于此。

【译文】

老先生在老家自在又逍遥,
偏要应召去戴那顶官帽。
一旦踏上尚阳堡的路,
就悔不该当初那么急躁。

卜舜年(1613—1644),字孟硕,吴江(今属江苏苏州)盛泽镇人。工画。临终之年,有乞其书画者,但题"泥无身"。

131. 无端秋雨打残荷①

无端秋雨打残荷, 零落红颜愧绿波②。
正与妾颜憔悴等③,未知郎意近如何?

① 选自明卜舜年《竹枝》(《古今词统》卷二)。无端:无因。引申为无缘无故。残荷:犹败荷。残,残缺,剩余。
② 红颜:妇女艳丽的容貌。也代指美丽女子。这里是指荷花。整句是说:残荷与绿波不相称。
③ 憔悴(qiáo cuì):瘦弱萎靡貌。

【译文】

秋雨无端地洒打着残荷,
凋零的红颜羞见那绿波。
跟妾的容颜憔悴正相似,
未知郎近来的想法如何?

李邺嗣(1622—1680),字果堂,鄞县(今浙江宁波)人。明代诸生。耻于仕清,以著书为业。有《笑读斋集》。

132. 蓼风吹过气初凉①

蓼风吹过气初凉,九月花黄糯亦黄。
纵是中秋明月好,田家只爱古重阳。

① 选自明末清初李邺嗣《鄮东竹枝词》(《鄞县志》卷七十四)。原注:"东乡九月糯,重阳可收。鄮俗重重九,不重中秋。"蓼:注见前第8首。似含寓意,所谓厌新恋旧。

【译文】

蓼花开放天气逐渐凉爽,
菊花黄时九月糯也好登场。
尽管中秋的月亮圆又亮,
庄稼人还是不爱中秋爱重阳。

133. 鄮地原因贸易名①

鄮地原因贸易名,灵桥彻夜有人行。
虽然岁得鱼盐利,不废桑麻本业耕②。

① 选自明末清初李邺嗣《鄮东竹枝词》(《鄞县志》卷七十四)。原注:"鄮东利在渔盐,然乡民治本业者十之八。"鄮(mào):古县名,在今浙江宁波市一带。

② 本业:农业。

【译文】

鄞的地名原意就是贸易,
灵桥日夜有人在做买卖。
即使捕鱼煮盐获利多,
种田的还占十之八九。

134. 家居只是守耕桑①

家居只是守耕桑,仕宦应许客四方。
每到春三节候好②,新茶新笋定思乡。

① 选自明末清初李邺嗣《鄞东竹枝词》(《鄞县志》卷七十四)。原注:"前辈诗云:'新茶与新笋,风味忆吾乡。'"家居:与"仕宦"相对待。即以株守家业(耕桑)为生。守:保持,主持。
② 春三:即农历三月,亦即暮春。

【译文】

家居只以务农为业,
为官就得客居异乡。
每到新茶新笋上市时,
谁不思念自己的故乡。

佚名,明代人。

135. 扬州女儿忒风流①

扬州女儿忒风流,每到花朝镇日游②。
手弄白团不掩面③,生来都惯见人羞。

① 选自明佚名《广陵古竹枝词》(《扬州风土词萃》)。忒(tuī):太。风流:有才而不拘礼法。
② 花朝:旧俗以农历二月十五日为百花生日,号花朝节,又称花朝。宋吴自牧《梦粱录·二月望》:"仲春十五日为花朝节,浙间风俗,以为春序正中,百花争望之时,最堪游赏。"镇日:犹整日。宋朱熹《武道中》诗:"不惜容鬓凋,镇日长空饥。"
③ 白团:即团扇,圆形的扇子。

【译文】

扬州的姑娘忒个不守礼法,
每到花朝就整天在外遨游。
手里拿着白团扇也不遮面,
生来就是这样不知道怕羞。

136. 不弄金针不绩麻①

不弄金针不绩麻,却贪闲话过邻家②。
听人说到西郊好,便邀明朝去看花。

① 选自明佚名《广陵古竹枝词》(《扬州风土词萃》)。金针:针的美称。也借指刺绣。金元好问《论诗》诗之三:"鸳鸯绣了从教看,莫把金针度与人。"
② 闲话:谈闲天。到别人家谈闲天,浙东俗称"跄人家"。近人胡兰成《今生今世·暑夜》:"倪家山的哥哥来跄人家,大家讲闲话,无非是说田地里生活来不及,及今年的岁口。"

【译文】

也不刺绣也不搓麻,
只爱说闲话跄人家。
听说西郊风景好,
约定明朝去看花。

137. 相约来朝去踏青①

相约来朝去踏青,灯前烧草卜天晴②。
黄昏几点催花雨③,坐拥薰笼恼到明④。

① 选自明佚名《广陵古竹枝词》(《扬州风土词萃》)。踏青:春日郊游。唐孟郊《济源寒食》诗之三:"一日踏春一百回,朝朝没脚走芳埃。"
② 烧草卜:占卜的一种。具体未详。
③ 催花雨:春雨。
④ 薰笼:罩在薰炉上的笼子,作薰香及烘干之用。唐白居易《长庆集》十八《后宫词》:"红颜未老恩先断,斜倚薰笼坐到明。"

【译文】

约定明日去踏青,
灯下烧草问天气晴不晴。
黄昏下了几点催花雨,
靠着薰笼懊恼到天明。

胡介,初名士登,字彦远,号旅堂,明末清初钱塘(今浙江杭州)人。诸生,工诗。有《旅堂诗集》。

138. 郎住前溪妾后溪①

郎住前溪妾后溪,采茶生小惯相携。
月明各自提筐去,一缕茶烟隔竹西②。

① 选自明末清初胡介《西溪竹枝词》。
② 茶烟:茶灶所散发出来的烟。

关于采茶制茶的事,我曾在一篇《富春江纪游·能不忆富阳》中这样说:"茶叶采将下来,更不能耽搁,需要连夜炒制。所以大半年铁锁尘封的茶厂,这时就都门窗大开,夜以继日,忙个不停。茶香四溢,使得整个山坞都一片芬芳。"

【译文】

郎住前溪我住后溪,
采茶去从小就彼此相携。
月光下各自提着箩筐回去,
隔着竹林闻到炒茶的香气。

王士禄(1626—1673),字子底,号西樵,山东新城(今桓台县)人。清世祖顺治九年进士,累官吏部考功员外郎,充河南乡试正考官,因事免官。尝游杭州,历览湖山之胜。母殁,以毁卒。乡人私谥节孝先生。士禄清介有守,笃于友爱。自少能文章,工吟咏。以诗法授诸弟,皆有成就。于唐诗人中,独爱孟浩然。与弟士祜、士禛齐名,号为"三王"。有《司勋五种集》、《读史蒙拾》、《表余堂诗存》、《感旧集》等。

139. 日夕湖头霁景间①

日夕湖头霁景间,渲青浮碧斗弯环②。
朝来水雾浓含雨,失却雷峰一带山③。

① 选自清王士禄《西湖竹枝词》(《感旧集》)。日夕:近黄昏时。霁景:雨止云收时的景色。
② 弯环:半圆,弓形月。唐李贺《十二月乐词·十月》:"金风刺衣着体寒,长眉对月斗弯环。"斗弯环,意谓与月比美。
③ 雷峰:山名。在西湖南岸,山上有雷峰塔。

【译文】

傍晚的西湖云微雾薄,
渲青浮碧嫦娥也自叹不如。
晓来露珠浓如雨,
雷峰山不知藏于何处?

140. 儿家住近傍湖村①

儿家住近傍湖村,岁岁门前验水痕。
莫怪今年湖水阔,春来长遍浪头温②。

①选自清王士禄《西湖竹枝词》(《感旧集》)。

②浪头温:原注:"浪头温,湖中草名。俗云此草多则湖水大。"似即越中"碰鼻头草"。周作人在《野草的俗名·碰鼻头草》项下说:"碰鼻头草,《越谚》涟浡头草,注云,'似莼'。《本草纲目》卷十九荇菜下时珍曰,'荇与莼,一类二种也,并根连水底,叶浮水上,其似马蹄而圆者,莼也,叶似莼而微尖长者,荇也,夏日俱开黄花,亦有白花者'。越中多水,城内道路几乎水陆并行,乡下则河港尤阔大,交通必赖舟楫……进村间小溇,见两岸碧叶贴水,间开黄白小花,随桨波上下,便知俗名之妙。"

【译文】

我家住在湖边的村庄,
每年检测湖水的大小。
难怪望去一片白茫茫,
原来岸边绷满碰鼻头草。

141. 渡头向晓聚兰桡①

渡头向晓聚兰桡, 胜日春风粉黛饶②。
相唤茅家埠边去③,纷纷摇过第三桥④。

①选自清王士禄《西湖竹枝词》(《感旧集》)。渡头:即渡口。兰桡:木兰树做的桨。这里指游船。

②胜日:指节日或亲朋相聚的日子。粉黛:妇女化妆品。这里指代美女。

③茅家埠:地名。在西湖西边。

④第三桥:指杨公堤上的卧龙桥。清翟颢《湖山便览》卷三《里六桥》:"《游览志》云:近北三桥,宋已有之,杨公所筑特南山三桥耳,其名不立,今拟定之。第一桥净空院,玉泉之水出焉,题曰'环碧'。自此而西,可通耿家埠。第二桥金沙滩之水出焉,题曰'流金'。自此而西可通曲院路。第三桥近龙潭,深黝莫测,时有祥光浮水,盖神物之窟宅也,题曰'卧龙'。自此而西可通茅家步。"

【译文】
渡头一早聚集着游船,
每逢佳节美女有多多少!
此呼彼唤向着茅家埠划去,
船连着船穿过第三桥。

朱彝尊(1629—1709),字锡鬯,号竹垞,浙江秀水(今嘉兴市)人。清康熙十八年,以布衣举博学鸿词科,授检讨。参与修撰《明史》。藏书八万卷,室号曝书亭。学问博洽,精于考证金石,长于古文诗词。诗与王士禛齐名,时称"南朱北王"。著有《曝书亭集》、《日下旧闻》等。

142. 穆湖莲叶小于钱①

穆湖莲叶小于钱,卧柳虽多不碍船②。
两岸新苗才过雨,夕阳沟水响溪田。

① 选自清朱彝尊《鸳鸯湖棹歌》。穆湖:今名穆河溪,俗称马河溪,在今城区嘉北乡陶家桥村,这里盛产鱼菱。诗中所谓莲叶,实上乃是菱叶。唐张籍有诗云:"莲叶出水大于钱。"这里用莲代菱,故云"小于钱"(参见浙江人民出版社《鸳鸯湖棹歌》)。
② 卧柳:倒伏在水面上的柳树。

【译文】

穆湖里的菱叶比铜钱还小,
倾倒的柳树不妨害船来往。
两岸的秋苗刚下过一阵雨,
夕阳下的水沟一片汤汤响。

143. 姑恶飞鸣触晓烟①

姑恶飞鸣触晓烟,红蚕四月已三眠②,
白花满把蒸成露,紫椹盈筐不取钱③。

① 选自清朱彝尊《鸳鸯湖棹歌》。原注:"姑恶,鸟名,蚕月最多。野蔷薇开白花,田家篱落间处处有之,蒸成香露可以泽发。"
② 红蚕:蚕老吐丝,其体透红,称红蚕。三眠:蚕蜕皮时,不食不动,其状如眠,谓之蚕眠。宋秦观《淮海集》后集六《时食》:"(蚕生)九日,不食一日一夜,谓之初眠。又七日再眠如初……又七日三眠如再,又七日若五日,不食二日,谓之大眠。"
③ 紫椹:桑子成熟后呈紫色,故曰紫椹。

据柯志颐在《芦川竹枝词》中所写,野蔷薇花露水还可以解暑:"开遍金银二宝花,蔷薇一白绕篱斜。采来盈筐蒸成露,解热除烦胜饮茶。"

【译文】

姑恶飞鸣多在清晨的雾露天,
春蚕到四月已经是三眠。
成把的白花蒸成花露水,
整筐的桑椹不用花一分钱。

144. 湖面莼丝寸寸长①

湖面莼丝寸寸长,为郎情好作羹汤。
朝云吹散峰头雨,日子团团鸡子黄②。

① 选自清朱彝尊《西湖竹枝词》。莼丝:通称莼菜。《钱塘县志》云:"(莼)菜亦湖中所产,采于夏初,嫩而无叶者名雉尾,叶舒则为丝。"
② 日子:即太阳。浙东地方称太阳为"日头",日读若孽。

【译文】

湖面上的莼丝寸把长,
与郎恩爱作羹汤。
早晨的云带走了峰头的雨,
日头圆滚滚就像鸡蛋黄。

屈大均(1630—1696),初名绍隆,字翁山,又字介子,广东番禺(今广州市)人。明末诸生,遭乱弃去,为浮屠,名今释,字一灵,一字骚余。中年返初服,改今名。尝读书祁氏寓山园,不下楼者五月。后游吴北,走秦陇,与李因笃等为友。又从固原携妻至代州上谷,走马射生,纵博饮酒。世嘲之,不之顾。大均诗长于山林边塞,尤工五言近体。与陈恭尹、梁佩兰齐名,号"岭南三大家"。著有《九歌草堂集》,传于世。

145. 巫山十二一峰无①

巫山十二一峰无,削出芙蓉十一孤②。
知向高唐行雨去③,自来神女本无夫。

① 选自明末清初屈大均《巫山词》(《翁山诗话》卷一五)。《小序》云:"有客尝至巫山,言巫山只有十一峰,千百人数之皆得十一,不知何以云十二峰也。每一峰相去数里,在绝壁上,也不甚高,神女庙与相对云。"
② 芙蓉:注见前第10首。
③ 高唐:楚台观名。也作"高堂观"。《文选·战国楚宋玉〈高唐赋·序〉》:"昔者楚襄王与宋玉游于云梦之台,望高唐之观,其上独有云气。"

【译文】

巫山十二峰少了一峰,
十一个山峰就像十一朵芙蓉。
它向高唐行雨去,
神女原来没丈夫。

彭孙遹(1631—1700),字骏孙,自号羡门生,浙江海盐人。清世祖顺治十六年进士,官中书舍人。圣祖康熙十八年,举"博学鸿词",试擢第一,授翰林院编修。历官吏部侍郎,兼翰林院学士。孙遹才学富赡,词采清华,与王士禛齐名,时号"彭王"。著有《松桂堂全集》、《延露词》、《香查唱和》等。

146. 木棉花上鹧鸪啼①

木棉花上鹧鸪啼,木棉花下牵郎衣。
欲行未行不忍别,落红没尽郎马蹄②。

① 选自清彭孙遹《岭南竹枝》(《感旧集》)。木棉:落叶乔木。也称攀枝花、英雄树。先叶开花,大而红。结实长椭圆形,中有白棉,可絮茵褥。鹧鸪:鸟名。形似母鸡,头如鹑,胸前有白圆点,如珍珠。背毛有紫赤浪纹,古人谐其鸣声曰:"行不得也哥哥。"
② 落红句:表示时间很长,也说明"不忍别"。

【译文】

木棉花上鹧鸪在叫,
木棉花下牵着郎衣。
将行未行难舍难分,
红红的落花掩没了马蹄。

147. 一自萧郎爱远游①

一自萧郎爱远游, 追思前事总生愁②。
簟纹恐是湘妃竹③,才着侬身泪便流。

① 选自清彭孙遹《竹枝词》。萧郎:注见前第54首。
② 前事:往后的日子。
③ 簟(diàn):竹席。湘妃竹:注见前第78首"斑竹"。

【译文】

自从丈夫爱远游,
想到往后的日子就发愁。
竹席怕是用湘妃竹编成,
一碰到它我的眼泪就直流。

王士禛(1634—1711),字子真,一字贻上,号阮亭,别号渔洋山人,山东新城(今桓台县)人。世祖顺治十五年进士,官至刑部尚书。辛后因避世宗胤禛(雍正)的讳,追改士正。高宗乾隆时,命改士禛。士禛善文、词,尤工诗,以神韵为宗,主诗坛数十年,与朱彝尊并称"朱王"。著有《带经堂集》《池北偶谈》、《渔洋诗话》等。

148. 玉水轻阴夹绿槐^①

玉水轻阴夹绿槐,香车笋轿锦成堆②。
千钱更赁楼窗坐,却为河边洗象来。

① 选自清王士禛《都下竹枝词》。玉水:水清如玉。近人王世襄曾为北京"常三"饭馆所写对联的下联云:"槐阴淙绿玉,东门相对是常家。"水之所以绿,乃是受了绿槐的映照。

② 笋轿:即笋舆。竹舆、竹轿。宋王安石《台城寺侧独行》诗:"独往独来山下路,笋舆看得绿阴成。"

这首诗是写北京市民观看大象的盛况。大象为外国进贡的稀有之物,不仅平时设有象馆,供市民参观,到时候还要让它到河里洗澡;有的人就租了沿街的房子,伏在楼窗口纵观。

【译文】

清清的河水夹着两行绿槐,
香车笋轿挤成一堆。
高价租得沿街的楼窗口,
为看大象到河边洗澡来。

149. 锦官城东内江流①

锦官城东内江流, 锦官城西外江流。
直到江阳复相见②,暂时相别不须愁。

① 选自清王士禛《江阳竹枝词》(《渔洋山人精华录》卷七)。锦官城:又称锦城,成都的别称。锦官为主治锦之官,因以为城名,在今四川成都市南。成都旧有大城、少城,少城在大城西,即锦官城。
② 江阳:即今四川泸州。

【译文】

> 锦官城城东内江流,
> 锦官城城西外江流。
> 直到江阳再相见,
> 暂时分别不必愁。

150. 蜀道艰难易白头①

蜀道艰难易白头, 羊肠虎臂又黄牛②。
西陵才过荆州出③,听尽猿声是峡州④。

① 选自清王士禛《西陵竹枝词》(《渔洋山人精华录》)。
② 羊肠、虎臂、黄牛:都是峡名。
③ 西陵:峡名。注见前第9首。荆州:古九州之一。东汉治汉寿,故城在今湖南常德东北。刘表为荆州牧,治所在今湖北襄阳。关羽督荆州,治江陵。
④ 峡州:注见前第99首。

【译文】

蜀道艰难愁白了头,
羊肠虎臂还有黄牛。
西陵才过荆州又出现,
听不完的猿声是峡州。

151. 潮来濠畔接江波①

潮来濠畔接江波,鱼藻门前净绮罗②。
两岸画栏江照水,蛋船争唱《木鱼歌》③。

① 选自清王士禛《广州竹枝》(《渔洋山人精华录》)。濠:城池,护城河。也作"壕"。

② 鱼藻门:广州新南城的南城门,约在今北凉路与大南路、文明路相交处。绮罗:都是丝织品,这里指代穿红着绿的年轻女子。

③ 蛋(dàn)船:蛋人之船。亦称蛋子船。蛋人,古代南方的水上居民。也作"蛋户"。在长期封建社会中,受统治阶级的侮视。世代以船为家,自为婚姻,不得陆居。至清雍正时始解除陆居禁令。《木鱼歌》:广东一带地方的民歌。

【译文】

潮水来时城河边冲激着水波,
鱼藻门前聚集着绮罗。
两岸画栏映照着江面,
蛋船上的人争唱着《木鱼歌》。

张英(1637—1708),字敦复,安徽桐城人。康熙六年进士,以编修充日起居注官,累迁礼部尚书,兼管翰林院詹事府。先后历充国史《一统志》、《渊鉴类函》、《政治典训》、《平定朔漠方略》总裁官。三十八年,授文华殿大学士,兼礼部尚书。致仕,赐宴畅春园,御书"笃素堂"匾额赠之。卒谥文端。张英生平酷好看山种树,著作有《笃素堂诗集》、《存诚堂应制诗》、《文端集》等。

152. 节近清明看赛会①

节近清明看赛会,流传何日到于今。
阊门内外人如蚁②,一日姑苏损万金③。

① 选自清张英《吴门竹枝词》(《文端集》)。
② 阊门:城门名。苏州城西门。象天门之有阊阖,故名。
③ 姑苏:山名。在江苏苏州西南。或作"姑胥",又作"姑余"。山上有姑苏台,相传为吴王阖闾或夫差所筑。又称胥台。《史记·河渠书》太史公"上姑苏望五湖",即此。后来也称吴县治所曰姑苏。

【译文】

清明时节观看迎神赛会,
这风俗从何时流传至今?
阊门内外游人如蚁,
苏州一天的损耗总在万金。

153. 五月龙舟水神庙①

五月龙舟水神庙,儿郎击鼓夺标时②。
波心跳掷如飞燕,自脱红衫裹鸭儿。

① 选自清张英《吴门竹枝词》(《文端集》)。
② 夺标:端午竞渡,除比赛速度,还有别的节目,如将鸭子抛在水中,看谁最先抓到它。

【译文】

五月里水神庙举行竞渡,
小伙子一边比赛一边敲着鼓。
水波中跳掷身轻如燕,
脱下红衫把鸭儿裹住。

万斯同(1638—1702),字季野,学者称石园先生,浙江鄞县(今宁波市)人。斯大之弟。黄宗羲弟子。博通诸史,尤熟明代掌故,少时即以著《明史》为己任。康熙十八年,开《明史》馆,斯同以布衣参加编修,不署衔,不受俸,《明史稿》五百卷大半出其手。著有《历代史表》、《纪元汇考》、《石园诗文集》等。

154. 望春桥上望春波①

望春桥上望春波,草绿萍香凫鸭多②。
最是城西好风景,夕阳处处听田歌③。

① 选自清万斯同《鄞西竹枝词》(《鄞县志》)。
② 萍:注见前第13首。凫(fú)鸭:野鸭。
③ 田歌:又叫秧歌。

【译文】

望春桥上望着粼粼的春波,
一群野鸭在草绿萍香中闲游。
还是城西的风景好啊!
晚归的农民在夕阳下唱着田歌。

155. 鄞俗由来不尚华①

鄞俗由来不尚华,布衣粗饭足生涯。
田家有子皆知学,仕族何人不绩麻②。

① 选自清万斯同《鄞西竹枝词》。鄞(yín):鄞县。今属浙江宁波市。古

称为鄞。

② 仕族:官宦人家。绩麻:揖麻。析麻搓接成线。

【译文】

鄞县人从来不讲究奢华,
布衣粗饭已感到满足。
农家有子孙都肯读书上进,
官宦人家无人不懂得揖麻。

金烺(1641—1702),字雪岫,号子婴,浙江山阴(今绍兴市)人。贡生,官任训导。著有《绮霞词》。

156. 十三学画学围棋①

十三学画学围棋, 十四弹琴工赋诗。
莫管人称养瘦马②,只夸家内有娇儿③。

① 选自清金烺《广陵竹枝词》(金埴《不下带编》卷五)。
② 养瘦马:旧时妓家养幼女,教之歌舞技艺,长大卖与人作妾,称养瘦马。
③ 娇儿:爱子。

【译文】

十三岁学习绘画下围棋,
十四岁能弹琴擅长赋诗。
不管旁人说是养瘦马,
我只夸我家有个好女儿。

高士奇(1645—1704),字澹人,号江村,浙江钱塘(今杭州市)人。以国学生就试京闱,名落孙山。卖文写春联以自给。偶为圣祖所见,十天内连续三次考试都获第一。于是命入宫廷供奉皇帝,官至礼部侍郎。著有《左传纪事本末》、《春秋地名考略》、《清吟堂全集》、《扈从日录》、《江村消夏录》等。

157. 鸦髻盘云插翠翘①

鸦髻盘云插翠翘,葱绫浅斗月华娇。
夜深结伴前门过,消病春风去走桥。

① 选自清高士奇《灯市竹枝词》(《清吟堂全集》)。原注:"正月十六日夜,京师妇女行游街市,名曰走桥,消百病也。多着葱白米色绫衫,为夜光衣。"鸦髻:指妇女发髻。亦作"丫髻"。宋阙名《潜居录》:"巴陵俗,元旦梳头,先以栉理鸦羽,祝曰:'愿我妇女,鬒发髟髟;惟百斯年,似其羽毛。'故楚人谓女髻为鸦髻。"盘云:犹盘鸦。形容妇女的髻形。云,指发。翠翘:妇女头饰,似翠鸟尾之长毛,故名。唐白居易《长恨歌》:"花钿委地无人收,翠翘金雀玉搔头。"

【译文】

乌黑环形的发髻插着翠翘,
葱白米色的绫衫好与月华比幽俏。
三五结伴从前门经过,
为了消除百病去走桥。

158. 百物争先上市夸①

百物争先上市夸,灯筵已放牡丹花。
咬春萝卜同梨脆,处处享盘食韭芽②。

① 选自清高士奇《灯市竹枝词》(《清吟堂全集》)。
② 享：神鬼享受祭品。通"飨"。

【译文】

　　各种物品争着上市，
　　牡丹花开在灯节边。
　　春天的萝卜跟梨儿一样脆，
　　还有那其嫩无比的香韭菜。

孔尚任(1648—1718),字季重,一字聘之,号东塘,又号岸塘,自称云亭山人,山东曲阜人。与洪昇齐名,世称"南洪北孔"。初授国子监博士,官至户部主事,升员外郎。康熙三十八年辞官归里。尚任博学有文名,通音律,以作传奇《桃花扇》驰名。诗文有《岸塘文集》、《湖海诗集》等。

159. 金桥玉洞隔凡尘①

金桥玉洞隔凡尘,藏得乞儿疥癞身。
绝粒三旬无处诉,被人指作丘长春②。

① 选自清孔尚任《燕京竹枝词》。金桥玉洞:传说中的神仙世界。凡尘:俗世。

② 丘长春:即丘处机。元登州栖霞(今属山东)人,字通密,号长春子,道教全真道龙门派的创始人。

【译文】

金桥玉洞的仙界与俗世隔绝,
那里躲着个满身疥癞的人。
绝食三旬向谁诉说,
人都以为他是丘长春。

160. 结伴儿童裤褶红①

结伴儿童裤褶红,手提线索骂天公。
人人夸你春来早,欠我风筝五丈风②。

① 选自清孔尚任《燕京竹枝词》。裤褶:服装名。上服褶而下缚裤其外不复用裘裳,故曰裤褶。名起于汉末,便于骑乘,为军中之服。褶,骑服。

② 五丈风:似无典故可循,只不过是说没有相当风力的风而已。

【译文】

成群的儿童穿着红色的短衫裤,
手里牵着根鹞线骂天公。
"人都说你让春天来得早,
竟欠我放鹞的五丈风"。

161. 桥下坟园岭下庄①

桥下坟园岭下庄,舆人两脚早晨忙。
小姑又怕桃花谢,要约阿婆早进香②。

① 选自清孔尚任《清明红桥竹枝词》(《湖海集》)。庄:山庄或坟庄。多为管墓人居住。

② 要约:与人订约。含有要挟的意思。

【译文】

桥下的坟园岭下的山庄,
轿夫的两只脚从早一直在忙。
小姑又怕桃花谢,
缠着阿婆早进香。

查慎行(1651—1728),初名嗣琏,字夏重,后改今名,字悔余,号初白,浙江海宁人。诸生,好游山水,所得一托于吟咏,故篇什最富。康熙三十二年,举顺天乡试,名闻禁中。圣祖东巡,以大学士陈廷敬、李光第、张玉书先后奏荐,召至行在,赋诗称旨,诏随入都,直南书房。四十二年,特赐进士出身,改翰林庶吉士,散馆,授编修。寻充武英殿校勘官,事竣,仍入直。旋遭弟嗣庭案,阖门就逮,世宗知其端谨,特放归。慎行少受学于黄宗羲,治经邃于《易》,尤工诗,所著《敬业堂集》五十卷,黄宗羲比之陆游,王士禛称为"奇创之才"。又著有《周易玩辞集解》十集,及《陪猎笔记》、《黔中风土记》、《庐山游记》各一卷。

162. 瓷石硠硠转辘轳①

瓷石硠硠转辘轳,春砂陶釉有精粗②。
年来御厂添窑户,不种山田另起租。

① 选自清查慎行《昌江竹枝词》(《敬业堂诗卷》卷四)。瓷石:瓷器是用黏土、长石、石英混合烧成,故曰瓷石。硠硠(lángláng):象声词。辘轳(lùlú):井上汲水的起重装置。

② 釉(yòu):即釉子。以石英、长石、硼砂、黏土等为原料,磨成粉末,加水调制而成的物质,用来涂在陶瓷半成品的表面,烧制后发出玻璃光泽,并能增加陶瓷的机械强度和绝缘性能。

【译文】

瓷石硠硠辘轳在转动,
春砂陶釉有精也有粗。
近年御窑增添了窑户,
不种山田另外得起租。

163. 棕榈叶瘦芭蕉肥①

棕榈叶瘦芭蕉肥,菜花半开桃李稀。
背山园圃蜜蜂出,近水人家燕子飞。

① 选自清查慎行《昌江竹枝词》(《敬业堂诗卷》卷四)。棕榈:木名。叶簇生干顶,状似蒲葵。又为观赏树。芭蕉:多年生草本植物。又名甘蕉、芭苴。大者高可及丈。果实可食。也是观赏植物。

【译文】

棕榈的叶子比不上芭蕉肥大,
菜花半开桃李已经稀稀拉拉。
山边的园里蜜蜂忙个不停,
燕子喜欢寄住在近水人家。

马寿谷(1662—1722),号存庐,浙江嘉兴人。康熙二十一年进士,著有《鸳鸯湖竹枝词》二十一首,曾与朱彝尊《鸳鸯湖棹歌》合刊。

164. 郎在杭州妾秀州①

郎在杭州妾秀州,一般湖水一般秋。
只怜湖上三更月②,不照郎心照妾愁。

① 选自清马寿谷《鸳鸯湖竹枝词》。
② 怜:怜惜,可惜。

【译文】

郎在杭州妾在秀州,
一样的湖水一样的秋。
可惜湖上三更的月亮,
不照郎心只照妾愁。

李孚青(1664—?),字丹壑,合肥(今属安徽省)人。康熙进士,官编修,时年十六岁(1679),人以黑头公目之,早卒,有《野香亭集》。

165. 清明佳节柳条拖①

清明佳节柳条拖,放学儿郎手折多。
早送爷娘上坟去,好寻闲处打陀罗②。

① 选自清李孚青《都门竹枝词》(《野香亭诗集》)。拖:挂下来。表示柳条已很长。
② 陀罗:即陀螺。一种玩具。明刘侗、于奕正《帝京景物略·春场》:"陀螺者,木制,如小空钟,中实而无柄。绕以鞭之绳,卓于地,急掣其鞭。一掣,陀螺则转,无声也。视其缓而鞭之,转转无复住。转之疾,正如卓立地上,顶光旋旋,影不动也。"

【译文】

清明时节的柳丝长又长,
儿童的玩法各种各样。
柳荫底下打陀螺,
趁爸妈上坟去还没回家。

郭钟岳(1680—?),字叔吾,又字叔藩,号外峰,江都(今江苏扬州)人。著有《瓯江竹枝词》一百首。

166. 妾家少小住温州①

妾家少小住温州, 与郎白首老温柔②。
莫学幽并游侠客③,忍抛少妇觅封侯④。

① 选自清郭钟岳《瓯江竹枝词》(同治十一年和天倪斋写刻本)。原注:"温人多不离乡,谚云'温不出'。"少小:年幼时。《东观汉记》十二《马援传》:"臣与公孙述同县,少小相善。"温州:地名。属浙江省。
② 温柔:即"温柔乡"。喻美色迷人之境。
③ 幽并:幽州和并州,古代燕赵之地,居民以慷慨悲歌、尚气任侠著名,故多并称。
④ 觅封侯:找官做。唐王昌龄《闺怨》:"闺中少妇不曾愁,春日凝妆上翠楼。忽见陌头杨柳色,悔教夫婿觅封侯。"

【译文】

我家从小就住在温州,
与丈夫不离不弃到白头。
不要学那幽并的游侠儿,
抛下年轻的妻子去找官做。

167. 瘦人天气是春寒①

瘦人天气是春寒,料峭晨侵翠袖单②。
骤暖又知晴不久,好花多在雨中看。

① 选自清郭钟岳《瓯江竹枝词》(同治十一年和天倪斋写刻本)。原注:"温州气候温和,唯春寒多雨。"瘦人:损人,使人消瘦。瘦人天气,喻天气恶劣。

② 料峭(liàoqào):形容微寒(多指春寒)。翠袖:翠色的衣袖。唐杜甫《佳人》:"天寒翠袖薄,日暮倚修竹。"

【译文】

最难调护的是倒春寒,
晨风料峭被薄又衣单。
骤暖不是个好兆头,
好花又得在雨中看。

郑燮(1693—1765),字克柔,号板桥,江苏兴化人。乾隆进士,先后任范县、潍县知县,体察民情,为官清正廉洁,颇得百姓拥戴。后因荒年开仓赈济饥民而获罪官家,得罪地方豪绅。辞官后到扬州以卖画为生,为"扬州八怪"之一。诗文崇尚现实和社会功能,傲放慷慨。书法则揉隶、行、草为一体。诗文书画都有很高的造诣,被誉为"三绝"。著作有《郑板桥集》。

168. 三更灯火不曾收①

三更灯火不曾收,玉脍金齑满市楼②。
云外清歌花外笛,潍州原是小苏州。

① 选自清郑燮《潍县竹枝词》(《潍县文献丛刊》第一辑)。收:止息,结束。
② 玉脍(kuài)金齑(jī):又作"金齑玉脍"。脍,细切的鱼肉;齑:切碎的菜或肉。谓精美的食物。吴中以鱼作脍,菰菜为羹,鱼白若玉,菜黄如金,因称金齑玉脍。

【译文】

三更时分灯火不曾熄灭,
金齑玉脍堆满整座酒楼。
歌声笛声响彻云霄,
潍州原来就是个小苏州。

169. 水流曲曲树重重①

水流曲曲树重重,树里春山一两峰。
茅屋深藏人不见,数声鸡犬夕阳中。

① 选自清郑燮《潍县竹枝词》(《潍县文献丛刊》第一辑)。

【译文】

弯曲的河道稠密的树木,
树丛中瞥见春山一两峰。
隐秘的茅屋看不到人影,
几声鸡犬来自夕阳中。

170. 连云甲第尚书府①

连云甲第尚书府,带宅园林太守家②。
是处池塘秋水阔,红荷花兼白荷花。

① 选自清郑燮《潍县竹枝词》(《潍县文献丛刊》第一辑)。连云甲第:即甲第连云。豪宅众多。甲第,旧时豪门贵族的第宅。尚书:官名。秦时本为少府属官,掌殿内文书,职位很低。汉成帝时设尚书员,群臣章奏都经过尚书,位虽不高而权很大。隋唐设尚书省,以左右仆射分管六部。明洪武十三年废中书省,以六部尚书分掌政务。清末改官制并六部,改尚书为大臣。

② 带宅园林:住宅与花园连在一起。太守:官名。秦设郡守,管理一郡政事,秩二千石。汉景帝时改名太守。隋初,以州刺史为郡长官。宋以后改郡为府或州,郡守已非正式官名,但仍习称知府、知州为太守。明清时专指知府。

【译文】

屋子众多连云是尚书府,
住宅连着花园是太守家。
水塘处处种莲藕,
红荷花与白荷花。

171. 城上春云拂画楼①

城上春云拂画楼，城边春水拍天流②。
昨宵雨过千山碧③，乱落桃花出涧沟。

① 选自清郑燮《潍县竹枝词》(《潍县文献丛刊》第一辑)。拂：掠过。《楚辞》屈原《大招》："长袂拂面，善留客只。"画楼：有画饰的楼。
② 拍天：碰到天。拍，轻击。
③ 碧：青绿色。

【译文】

城上的云彩缭绕着画楼，
城边的春水涨到船埠头。
昨夜雨过山全碧，
桃花零落出水沟。

172. 泪眼今生永不干①

泪眼今生永不干，清明节候麦风寒②。
老亲死在辽阳地③，白骨何曾负得还。

① 选自清郑燮《潍县竹枝词》(《潍县文献丛刊》第一辑)。
② 麦风：麦苗青时的风。
③ 辽阳：府、路、州名。辽置辽府，为辽之东京。元改路。明置辽东都指挥司，清初又置辽阳府，辽阳县附郭，康熙间升县为州，仍隶于府。在清代为流放犯人的地方。如尚阳堡就在辽阳。

【译文】

这辈子眼泪不会干,
清明时节麦风寒。
年迈的双亲死在辽阳地
白骨至今未归还。

173. 东家贫儿西家仆①

东家贫儿西家仆, 西家歌舞东家哭。
骨肉分离只一墙②,听他笞骂由他辱③。

① 选自清郑燮《潍县竹枝词》(《潍县文献丛刊》第一辑)。
② 骨肉:喻至亲。《墨子·尚贤》下:"尧之举舜也,汤之举伊尹也,武丁之举傅说也,岂以为骨肉之亲,无故富贵,面目美好者哉?"
③ 听:听从,接受。笞(chī)骂:打骂。笞,用鞭、杖或竹板子打。

【译文】

东家的穷孩子做了西家的仆人,
西家唱歌东家却在哭。
骨肉分离只隔着一堵墙壁,
由他鞭打由他侮辱。

174. 关东逃户几人归①

关东逃户几人归,携得妻儿认旧扉②。
茅屋再新墙再辑,园中春韭雨中肥③。

① 选自清郑燮《潍县竹枝词》(《潍县文献丛刊》第一辑)。关东:指山海关

以东,即今东北三省。逃户:有两种:一种逃荒;一种逃税,如受不了苛捐杂税的负担而避地他处。明末贺贻孙《村谣》之十云:"邻翁窜去又三年,空室长扃鸟乱喧。废圃无人邀我醉,桃花独自饱春烟。"

② 旧扉:旧居。扉,门扇。

③ 园中句:化用杜甫《赠卫八处士》诗:"夜雨剪春韭,新炊间黄粱。"春韭:春天的韭菜最肥嫩。

总还是故乡好。

【译文】

关东逃荒能有几个人回来,
带着妻子儿女找到了旧屋。
墙坍壁倒重新修理,
园里的韭菜雨后就更肥。

李环浦,名珠,广东新会(今江门市新会区)人。著有《珠江竹枝词》二十首。清梁绍壬《两般秋雨庵随笔》录其中四首。

175. 黄木湾深粉蝶飞①

黄木湾深粉蝶飞, 白鹅潭涨锦鳞肥②。
今朝正好游花埭③,玫瑰花开夹紫薇④。

① 选自清李环浦《珠江竹枝词》。黄木湾:地名。已湮,故址在今广州市东南八十里,有南海神庙,刻有韩愈《南海神庙碑》。
② 白鹅潭:在广州市西南二十里,珠江西航道、前航道、后航道的交汇处。锦鳞:鱼类。
③ 埭(dài):用土堵水的坝,即土坝,以利行船。如果附近住人,姓李,就取村名为李家埭,姓汪,就取村名为汪家埭。
④ 紫薇:亦称"百日红"。千屈菜科。落叶小乔木,树干光滑,褐色。夏季开花,花瓣淡红色、紫色或白色。蒴果近球形。栽培供观赏。

【译文】

黄木湾水深蝴蝶飞,
白鹅潭水涨鱼儿肥。
今朝正好游花埭,
看了玫瑰还看紫薇。

176. 古墓为田长素馨①

古墓为田长素馨, 素馨斜外草青青②。
采茶人唱花田曲③,舟外桥边隔树听。

① 选自清李环浦《珠江竹枝词》。素馨:植物名。又称"耶悉茗"。佛书中称鬘华,为梵文苏摩那的省译。花白色,香气芳洌,畏寒,养于温室中,供观赏。

② 素馨斜:即花田。在广州市西南郊,有地名叫花田,俗称"花地"。平田弥望,皆种素馨花,相传南汉宫人多葬此地。诗第一句"古墓"即指此。

③ 花田曲:花田地方的民歌。

【译文】

古墓变成素馨的花田,
花田外面草青青。
采茶人唱花田曲,
船边桥头隔着树丛远远听。

程宗洛,字望川,安徽桐城人,乾隆年间曾寓居扬州。

177. 长幡飘动绕炉香①

长幡飘动绕炉香,摄级同登拜上方②。
此去下坡苔露滑,侬扶小妹妹扶娘。

① 选自清程宗洛《扬州竹枝词》。长幡(fān):直长方形的旗帜。
② 摄级:犹拾级,登上石级。上方:道家的所谓天上仙界。这里是指寺庙中的大殿。

【译文】

长幡飘动,香烟缭绕,
踏着石级,来到上方。
由此下坡,苔多路滑,
我扶小妹,小妹扶娘。

刘文蔚(1700—1776),字豹君,号楠亭,浙江山阴(今绍兴市)人。乾隆优贡。著有《石帆山房集》。

178. 玉绳依约挂银钩①

玉绳依约挂银钩,镜水空明静不波。
一自西施沼吴后②,更无人唱采莲歌③。

① 选自清刘文蔚《鉴湖竹枝词》(《石帆山房集》)。玉绳:星名。亦泛指星光。依约:隐约。银钩:斜月。
② 沼吴:犹言灭吴。《左传》哀元年:"越十年生聚,而十年教训,二十年之外,吴其为沼乎!"《注》:"谓吴宫室废坏,当为污池。"
③ 采莲歌:即"采莲曲"。乐府曲名。梁武帝制《江南弄》七曲之三。

【译文】

繁星隐约的天河上挂着一个银钩,
碧绿的镜湖平静得不起半点微波。
自从西施因为沼吴离开故乡,
再没有人想唱那采莲的歌曲。

全祖望(1705—1755),字绍衣,一字谢山,浙江鄞县(今宁波市)人。乾隆元年进士。曾主讲蕺山、端溪书院。祖望学问甚博,尤专史学,保存南明史料很多。曾补辑黄宗羲《宋元学案》,编成百卷。又曾七校《水经注》,三笺《困学纪闻》。所著诗文有《鲒埼亭集》八卷,外编五十卷,诗集十卷。

179. 上山试采蕺山蕺①

上山试采蕺山蕺,下山试种兰亭兰②。
勾践霸材沦落尽③,西施手泽未曾干④。

① 选自清全祖望《若耶溪竹枝词》(《鲒埼亭集》)。试:尝试。蕺山:山名。在今浙江绍兴县东北。产蕺菜。相传越王勾践嗜蕺菜,尝采于此山,故名。蕺菜,亦称葅菜,以叶有腥气,俗称鱼腥草。
② 兰亭:地名。在今浙江绍兴市西南兰渚山下。相传越王勾践曾在此植兰。明徐渭诗云:"勾践种兰必择地,只今兰渚乃其处。"
③ 霸材:称霸时的遗迹。其中也包括西施的。沦落:没落。
④ 手泽:犹言手汗。后通称先人或前辈的遗墨、遗物为手泽。

【译文】

上山采采蕺山的蕺,
下山种种兰亭的兰。
勾践的遗迹完全淹没,
西施的手汗却还未干。

180. 白杨梅熟甘于蜜①

白杨梅熟甘于蜜,郎若啖时莫倾筐。
炎精嘘出鼻端火②,失却鉴湖五月凉。

① 选自清全祖望《若耶溪竹枝词》(《鲒埼亭集》)。白杨梅：越中自昔出产杨梅而以白熟杨梅为最佳。清毛奇龄《西河诗词话》："杨梅出予邑，最佳。唐郑公虔云：'越州宵山有白熟杨梅。'宵山者萧山之误。"

② 火：即火气。中医学指引起发炎、烦躁等症状的原因。《素问·刺疟》："热去汗出，喜见日月光。"而最明显的感觉是鼻子。

【译文】

成熟的白杨梅甜过于蜜，
郎若爱吃也不能成篮成筐。
火气上升鼻端就会冒汗，
这就感觉不到五月鉴湖的清凉。

钱琦(1709—1790),字相如,号屿沙,仁和(今浙江杭州)人。乾隆进士,官布政使,好作诗。著有《澄碧斋诗抄》。

181. 竹舍茅檐似画图[①]

竹舍茅檐似画图,疏篱都夹绿珊瑚[②]。
不教夜雨空阶滴,添种芭蕉三五株[③]。

① 选自清钱琦《台湾竹枝词》。竹舍茅檐:犹竹篱茅舍。
② 珊瑚:疑是珊瑚菜。多年生草本。夏季开花,花白色。分布于中国北部至东南部沿海一带,多生沙滩上。
③ 芭蕉:注见前第163首。
芭蕉叶大,雨点落在上面,就发出一片萧萧声。喧极返寂,作者取的就是这种效果。

【译文】

错落有致的茅屋真的很美,
竹篱边还有绿色的珊瑚做点缀。
雨点白白地掉在地上多可惜,
特地种上几棵芭蕉在阶檐边。

袁枚(1716—1797),字子才,号简斋,又号随园老人,浙江仁和(今杭州市)人。幼有异禀,年十二为县学生。乾隆元年,金鉷荐应"博学鸿词"科,报罢。三年,举顺天乡试。四年,成进士。改翰林院庶吉士,掌院学士史贻直颇奇其才。出知溧水、江浦、沭阳、江宁等县,并著能声。年甫四十,即告归。卜筑随园于江宁之小仓山,以书籍诗文为事。性通侻,颇放情于声色。尤好宾客,四方人士,投诗文无虚日。备林泉之清福,享文章之盛名者数十年。世称随园先生。袁枚为诗主性灵,务从其才力所至;文章横逸,不可方物;最工骈体,深得六朝体格。著有《小仓山房诗文集》及《随园诗话》、《随园随笔》等。

182. 葛岭花开二月天①

葛岭花开二月天, 游人来往说神仙②。
老夫心与游人异③,不羡神仙羡少年。

① 选自清袁枚《湖上杂诗》(《袁枚诗选》)。葛岭:在杭州西湖北岸,相传为东晋葛洪炼丹处,今有葛仙庵。
② 神仙:指葛洪。
③ 老夫:老年人的自称。

【译文】

二月里葛岭花开的日子,
来往的游人忙于拜神仙。
我的想法跟别人不一样,
不羡慕神仙却羡慕少年。

183. 飞飞小艇惯穿云①

飞飞小艇惯穿云, 傍晚招人到夕曛②。
底事游蜂频绕桨③?儿家衣是藕花熏④。

① 选自清袁枚《湖上杂诗》(《袁枚诗选》)。飞飞:两字连用,表示强调,意思还是一个"速"字。穿云:即"穿天入云"的意思。表示灵活敏捷。

② 夕曛(xūn):黄昏。曛,落日,亦即"曛暮"。

③ 游蜂:游散的蜜蜂。比喻追求声色、寻欢作乐的冶游郎。

④ 熏:熏衣。古代有熏炉和熏笼,都是用来熏香或取暖的。炉内燃香草,外罩笼子,人靠笼子坐着,既可取暖,又可熏香。唐白居易《后宫词》:"红颜未老恩先断,斜倚熏笼坐到明。"

藕花香气淡雅,用它熏衣,证明主人的志趣与俗人不同。

【译文】

湖面上那些灵活敏捷的游艇,
从傍晚一直招揽客人到夕曛。
何意游蜂老是缠绕着划桨?
要知道我的衣裳是用藕花熏。

184. 一家女儿迎新郎①

一家女儿迎新郎, 千家女儿对镜光。
明朝坐筵谁去得②,大家采伴同商量③。

① 选自清袁枚《温州坐筵词》。原《序》云:"温俗,新婚三日,其家张饮设乐,遍延郡中粲者,东西列坐,新妇南向。主人夅户,任客阑入平视,不以为嫌。悦其美,辄往揖酒。某釂毕,随侠拜。答之报釂,则小往大来,故非洪于量者,亦未敢先焉。相传不如是则其系不繁,故非丽不延,延亦不肯来也。余久闻此说,疑谰语。四月十九日到永嘉,二十日王氏新婚,二十二日晚坐筵。余往观,信然,遂命霞裳引例成礼归。作《坐筵词》六章,以补古竹枝所未有。"

② 坐筵:犹闹新房。不过其俗更奇特。

③ 采伴:确定人选。

【译文】

一家女儿配新郎,
千家女儿都梳装。
明天派谁去坐筵,
大家一起共商量。

185. 笙歌迢递入云端①

笙歌迢递入云端,洞启重门到夜阑②。
不是月宫无界限,嫦娥原许万人看③。

① 选自清袁枚《温州坐筵词》。迢递:远貌;高貌。
② 洞启:敞开,大开。《后汉书·班彪传》附班固《东都赋》:"闺房周通,门闼洞开。"重门:多扇门。
③ 嫦娥:月神名。初见于《山海经·大荒西经》,作"常羲",谓为帝俊之妻。《淮南子·览冥》、《太平御览》四汉张衡《灵宪》作"姮娥",谓为后羿之妻,吃不死之药以奔月。《搜神记》十四作"嫦娥"。羲、仪、宜、娥,古音同。

【译文】

歌声乐声响彻云霄,
门户洞开直到夜阑。
并非月宫无禁忌,
嫦娥原来允许万人看。

王鸣盛(1722—1797),字凤喈,号礼堂,晚号西沚,江苏嘉定(今上海市)人。乾隆进士,授翰林院编修,官至内阁中书兼礼部侍郎、光禄寺卿。少从沈德学诗,从惠栋治经。善诗文,通经学,尤精史学。辞职后,寓居苏州,专心读书治学。传世著作有《诗文集》《蛾术编》《十七史商榷》等。

186. 安亭村径傍清渠①

安亭村径傍清渠, 顾浦空塘竹树疏。
猎猎朔风寒水上②,无人知是震川居。

① 选自清王鸣盛《练川竹枝词》(《先泽残存》)。原注:"安亭在城西南二十四里,顾浦在安亭南,有归震川故居。震川《别安亭诸友》诗:'悠悠寒水上,猎猎朔风吹。'"
② 猎猎(lièliè):象声词。形容风声及旗帜等被风吹动的声音。宋僧参寥《临平道中》:"风蒲猎猎弄轻柔,欲立蜻蜓不自由。五月临平山下路,藕花无数满汀洲。"

【译文】

安亭村紧靠着清水渠,
南边的顾浦竹木稀疏。
瑟瑟的西风吹着寒塘,
谁知道这是震川的故居。

187. 望仙桥畔尽渔家①

望仙桥畔尽渔家,豆棚瓜架傍水斜。
几只小船杨柳岸,腥风一剪漉鱼虾②。

① 选自清王鸣盛《练川竹枝词》(《先泽残存》)。原注:"望仙桥在城西十八里。"

② 一剪:一阵。滩(lǐ):使干涸。

【译文】

　　　　望仙桥边都是渔民的家,
　　　　豆棚瓜架紧靠着岸边斜。
　　　　几只小船在柳树下停泊,
　　　　闻到的都是腥气的鱼虾。

梁同书(1723—1815),字元颖,"山舟"为斋名,世称山舟先生,晚年自署不翁,九十外又署新吾长,浙江钱塘(今杭州市)人。乾隆十二年举人。十七年,特赐进士,改翰林院庶吉士,累迁侍讲,以忧归。服阕,因足疾不复出。工于书法,追求自然,名满天下。能诗,尤精鉴赏。卒年九十三。撰有《频罗庵遗集》。

188. 细马轻车巷陌腾①

细马轻车巷陌腾,好春又是一番增。
今宵闲杀团团月,多少游人只看灯。

① 选自清梁同书《元夕前门观灯》(《频罗庵遗集》)。细马:小马。唐李白《对酒》诗:"蒲萄酒,金叵罗,吴姬十五细马驮。"轻车:轻捷的车。《淮南子·原道》:"末世之御,虽有轻车良马,劲策利锻,不能与之争先。"腾:奔驰。

【译文】

街头巷尾车来人往闹哄哄,
元宵又给新春增添了景色。
团团的明月闲挂在天空,
忙煞了一盏盏纸糊的灯笼。

189. 人海中间是乐棚①

人海中间是乐棚, 琉璃千点火珠明②。
金吾抵死催人去③,夜半天街打五更④。

① 选自清梁同书《元夕前门观灯》(《频罗庵遗集》)。人海:人群,极言人

众。唐司空图《与李生论诗书》:"鲸鲵人海涸,魑魅棘林高。"乐棚:音乐棚。俗称"敲棚"。

② 琉璃:指琉璃瓦。在陶质筒瓦、板瓦、脊瓦和檐头装饰物的表面烧上一层薄而细密的彩色釉而制成。火珠:宫殿、塔庙建筑正脊上作装饰用的宝珠。有两焰、四焰、八焰等不同形式。宋以后多改用瓦作。唐封演《封氏闻见记·明堂》:"开元中改明堂为听政殿,颇毁彻而弘规不改。顶上金火珠迥出云外,望之赫然。"

③ 金吾:即执金吾。官名。掌管京师治安的长官。

④ 天街:京城中的街道。唐王建《宫词》之八八:"天街夜色凉如水,卧看牵牛织女星。"

【译文】

热闹的人群夹杂着敲棚,
琉璃火珠散发出万道光芒。
金吾想拼命赶散人群,
就把半夜钟敲成五更钟。

纪昀(1724—1805),字晓岚,号石云,直隶献县(今属河北省)人。乾隆进士,授翰林院庶吉士、编修。学识渊博,见解精辟。曾被谪戍伊犁,后因编辑《四库全书》,无人能胜此重任,因而被召还为总纂官。书成后,历任兵部侍郎、左都御史、礼部尚书、协办大学士等。有《纪文达公遗集》、《阅微草堂笔记》等。

190. 山田龙口引泉浇①

山田龙口引泉浇,泉水惟凭积雪消。
头白农夫年八十,不知春雨长禾苗。

① 选自清纪昀《乌鲁木齐杂诗·风土》。原注:"岁或不雨,雨亦仅一二次,惟资水灌田。故不患无田,而患无水。水所不至,皆弃地也。其引水出山之处,俗谓之龙口。"

【译文】

灌溉山田的水从龙口引来,
泉水来源于积雪的溶消。
白发的老农年近八十,
从未知道靠春雨来滋润禾苗。

191. 鸡栅牛栏映草庐①

鸡栅牛栏映草庐, 人家各逐水田居。
豆棚闲话如相过②,曲港平桥半里余。

① 选自清纪昀《乌鲁木齐杂诗·民俗》。原注:"人居各逐所种之田,零星棋布,虽近邻亦相距半里许。"

② 相过:彼此来往。平时邻居家走动说说闲话,浙东人谓之"跄人家"。注见前第136首。

【译文】

> 鸡栅牛栏连着草庐,
> 人家跟着水田居住。
> 如有邻居"跄人家",
> 少说说也得走上半里路。

192. 半带深青半带黄①

半带深青半带黄,园蔬已老始登床。

可怜除却官厨宴,谁识春盘嫩甲香②。

① 选自清纪昀《乌鲁木齐杂诗·民俗》。原注:"鬻菜者谓之菜床,瓜菜必极老之后乃采以鬻,否则人厌其嫩而不食。惟官种之园,乃有尝新之事。此亦土俗不可解者。"

② 甲:植物果实或动物的硬质外壳。

【译文】

> 一半深青一半枯黄,
> 菜蔬出售非养到老。
> 除了官府的宴会上,
> 新鲜的嫩甲谁也吃不到。

陈璨,字开绪,别号悾侗氏,江苏泰州人。乾隆贡生。著有《悾侗诗抄》、《西湖游草》。《西湖竹枝词》百首,乾隆三十五年刊。收入《武林掌故丛编》。他在序言中对杨维桢颇有微词,说他"所以记风土状人情者盖详。顾其间樽俎粉黛之习多未能洗,众音繁会,往往流为绮语纤词,几与《子夜》《读曲》相类,而古意寖失矣"。后面引了黄九烟的诗:"竟向西湖咏竹枝,廉夫可是殢情痴。我来耻和侬郎句,要唱江东铁板词。"

百首中多感怀记事之作,对南宋衰亡,尤多寄慨。

193. 汴水宫墙绿草肥①

汴水宫墙绿草肥, 西湖歌舞竟忘归。
可怜一点新亭泪②,却在崖山宰相衣③。

① 选自清陈璨《西湖竹枝词》(《武林掌故丛书》)。汴宫:指北宋汴京的皇宫。

② 新亭泪:西晋末中原战乱频仍,过江人士,每至暇日,相邀至新亭饮宴。元帝时,丞相王导与客宴新亭,周𫖮中坐而叹曰:"风景不殊,举目有江河之异。"皆相视流涕。惟王导愀然变色曰:"当共戮力王室,克复神州,何至作楚囚对邪!"后以比喻忧国忧时的悲愤心情。

③ 崖山宰相:指陆秀夫。陆秀夫字君实,宋楚州盐城(今属江苏)人。宝祐四年进士,官礼部侍郎。元军攻破临安后,与张世杰等在福州拥立端宗,继续抗元。端宗死,又拥立赵昺为帝,任左丞相。祥兴二年(至元十六年)元军破崖山,秀夫背赵昺投海而死。崖山:又作"厓山"。又称"厓门山"。在广东新会县(今江门市新会区)南大海中。与汤瓶嘴对峙如门,形势险要。宋绍兴中置厓山寨,是扼守南海的门户。宋末为抗元的最后驻点。

【译文】

> 汴京的宫墙边芳草离离,
> 西湖上又歌又舞忘掉了归期。
> 只有在崖山宰相的衣襟上,
> 还看得到一点忧国忧时的眼泪。

194. 冤魂沉埋郁未伸①

冤魂沉埋郁未伸,群奸面缚跪莎尘②。
何曾消得孤忠恨③,不是金人是铁人。

① 选自清陈璨《西湖竹枝词》(《武林掌故丛书》)。冤魂:指冤屈而死的岳飞。
② 群奸句:指铸成铁人跪在岳飞墓前的四个奸人:秦桧、王氏(桧妻)、张俊、万俟卨。
③ 孤忠:忠心耿耿而得不到支持。《元诗选》胡炳文《云峰集·拜岳鄂王墓》:"大义君臣重,孤忠天地知。"杀害忠良的不是外敌而是内奸;内奸比外敌更可恶。

【译文】

> 沉埋的冤魂得不到昭雪,
> 铁人跪缚在坟前岂能平民心。
> 怎能消得孤忠恨,
> 不是金人是铁人。

195. 蚕娘辛苦在三春①

蚕娘辛苦在三春,膏沐何曾一日亲②;
户户门黏红帖子,东西竟断往来人。

① 选自清陈璨《西湖竹枝词》(《武林掌故丛书》)。三春:春天的第三个月,即"暮春"。
② 膏沐:妇女润发的油脂。原注:"越中妇女饲蚕为业,人家门首黏红纸帖,书'蚕月免进',虽亲友亦不得过问,故青邱有'东家西家罢来往'之句。"

【译文】

蚕娘最辛苦是春三月,
个个变得脸黄又肌瘦。
门上贴着张免进的红纸条
就是天王老子也不得不遵守。

196. 马塍红紫竞春纤①

马塍红紫竞春纤, 摘满筼篮露尚霏②,
十里画楼临水次③,卖花声里卷珠帘。

① 选自清陈璨《西湖竹枝词》(《武林掌故丛书》)。原注:"东西马塍,在钱塘门外,土细宜花,当春时园丁采名葩叫鬻,晓镜开奁,朱楼搴箔,千红万紫,都向玉人头上娇矣。"
② 筼(yún)篮:竹篮。
③ 水次:水边。《三国志·蜀先主传》"(孙)权遣周瑜程普等水军数万,与先主并力"南朝宋裴松之《注》:"备闻曹公军下,日遣逻吏于水次候望权军。"

【译文】

马塍的花开得千娇百媚,
园丁挽着马头竹篮送进城来。
临水的画楼卷起珠帘,
美人与花都笑逐颜开。

197. 清明土步鱼初美①

清明土步鱼初美，重九团脐蟹正肥②。
莫怪白公抛不得③，便论食品亦忘归。

① 选自清陈璨《西湖竹枝词》(《武林掌故丛书》)。原注："土步形似河豚，以清明前出网为佳，湖蟹秋日最肥美，香山有'未能抛得杭州去'之句。"
② 团脐：母蟹腹甲形圆，称团脐。雄蟹的脐尖，称尖脐。周作人在《吃蟹(二)》说："俗语云，九月团脐十月尖，这说明那时是团脐蟹的黄或尖脐的膏最好吃。"
③ 白公：白居易。他有《春题湖上》诗云："未能抛得杭州去，一半勾留为此湖。"

【译文】

清明的土步又肥又壮，
重阳的团脐价格最高。
莫怪白公舍不得离开，
光是食品就叫他难忘。

198. 猫头解箨燕雏肥①

猫头解箨燕雏肥，游女轻罗试袷衣②。
玫瑰香残花事了，腻人开到野蔷薇③。

① 选自清陈璨《西湖竹枝词》(《武林掌故丛书》)。原注："杭郡气暖，初夏有着罗衫者，玫瑰残后山谷中野蔷薇盛开，香闻数里，猫头笋大者重二十余斤，肉白如霜，堕地即碎，嗅之作兰花香。"猫笋，俗称毛笋。箨(tuò)：竹皮，笋壳。
② 袷(jiá)衣：夹衣。
③ 腻：厌倦、厌烦。《红楼梦》十九："我往那里去呢，见了别人就怪腻的。"

【译文】

毛竹脱壳乳燕已经长成,
游春的姑娘穿上绸制的夹衣。
玫瑰凋谢花事已基本结束,
只有那野蔷薇还方兴未已。

199. 王坟蚕豆鹦哥绿①

王坟蚕豆鹦哥绿,龙井杨梅鹤顶丹②,
更采湖莼如雉尾,尝新四月劝加餐③。

① 选自清陈璨《西湖竹枝词》(《武林掌故丛书》)。原注:"南屏山邵皇亲坟产蚕豆,颗大而味鲜,杭人呼为王坟豆。《钱塘县志》云:'龙井法华山产杨梅,为天下冠。莼亦湖中所产,采于夏初,嫩而无叶者名雉尾,叶舒则为丝。'"鹦哥绿:也叫鹦鹉绿。简称鹦绿。如鹦鹉之绿色。

② 鹤顶丹:也叫鹤顶红。鹤顶色红,人因以鹤顶红称形圆而色红的花果珍玩。

③ 加餐:多进饮食。

【译文】

南山的王坟蚕豆绿得像鹦鹉,
龙井的杨梅更像鹤顶红。
湖中的莼菜仿佛雉鸡的尾巴,
四月里的佳肴没有再比它可口。

蒋士铨(1725—1784),字心余,一字苕生,号清容,又号藏园,江西铅山人。乾隆二十二年进士,官编修。主讲蕺山、崇文、安定书院。诗文负盛名,时与袁枚、赵翼并称。有《忠雅堂集》。兼工南北曲,有《藏园九种曲》。

200. 小巷乌衣旧姓王①

小巷乌衣旧姓王,翰林门第比金张②。
今人苦说前朝盛③,十八坊前剩几坊。

① 选自清蒋士铨《鄱阳竹枝词》(《忠雅堂诗集》卷二)。乌衣巷:巷名。在今南京市东南。三国吴时于此置乌衣营,以兵士服乌衣而名。东晋时,王、谢诸望族居此。唐刘禹锡《金陵五题·乌衣巷》:"朱雀桥边野草花,乌衣巷口夕阳斜。"
② 翰林:官名。指翰林学士。唐白居易《洛中偶作》:"五年职翰林,四年沧浔阳。"金张:汉金日磾,自武帝至平帝,七世为内侍。张汤后世,自宣帝元帝以来为侍中、中常侍者十余人,后因以金张为功臣世族的代称。
③ 苦:极力,竭力。《世说新语·识鉴》:"王大将军(敦)始下,杨郎苦谏不从。"

【译文】

乌衣巷里从前住过姓王的人家,
翰林的门第可以比金、张。
人们竭力说前朝怎么了不起,
不知道十八坊如今还有几坊呢。

201. 灵芝门是旧宫门①

灵芝门是旧宫门,秋草寒烟泣艳魂②。
王府山头菜花满,人家寥落似孤村③。

① 选自清蒋士铨《鄱阳竹枝词》(《忠雅堂诗集》卷二)。
② 寒烟:秋冬季节的烟雾。艳魂:指旧宫中工后嫔妃的魂灵。
③ 人家:居住的人家。即"居民"。

【译文】

灵芝门原来就是旧宫门,
如今是衰草迷离听鬼声。
王府山上种油菜,
七零八落不成村。

毕沅(1730—1797),字纕蘅,号秋帆,自号灵岩山人,江苏镇洋(今太仓)人。乾隆二十二年,以举人为内阁中书军机处行走。二十五年,一甲一名进士,授修撰。官甘、陕时甚久。他爱才礼士,海内文人争往归附。累至湖南总督,卒于任。死后,清廷以"贻军机,滥用军需"的罪名,籍没其家产。毕沅好著书,铅椠不去手,经、史、小学、金石、地舆之学,无不贯通。著有《灵岩山人诗文集》、《续资治通鉴》、《关中胜迹图记》等。

202. 相约来朝往趁墟①

相约来朝往趁墟,大家夜半起妆梳。
成群笑语出村去,犹是前山月落初。

① 选自清毕沅《红苗竹枝词》(《灵岩山人诗文集》卷三十九)。趁墟:注见前第28首。

【译文】

> 约定明朝去赶集,
> 半夜起来弄梳妆。
> 说说笑笑出村去,
> 前山的月亮还刚落。

203. 榕阴满地绿于苔①

榕阴满地绿于苔, 晓出烧畲晚未回②。
正是炎方好时节③,杜鹃声里杜鹃开④。

① 选自清毕沅《红苗竹枝词》(《灵岩山人诗文集》卷三十九)。榕:木名。常绿树。产于热带地方,树形高大,干既生枝,枝复生根,其阴极广。

② 烧畲:注见前第5首。

③ 炎方:南方炎热之地。唐李白《古风》之三四:"怯卒非战士,炎方难远行。"

④ 杜鹃句:前一个杜鹃是指杜鹃鸟;后一个杜鹃是指杜鹃花。

【译文】

满地的榕阴比苔藓还绿,
早晨出去烧畲傍晚还未回来。
正是南方炎热的季节,
杜鹃声里杜鹃花开

204. 常云病是鬼揶揄①

常云病是鬼揶揄,铙鼓喧阗跳女巫②。
收得祭余人不食,乱抛门外饲神乌③。

① 选自清毕沅《红苗竹枝词》(《灵岩山人诗文集》卷三十九)。揶揄(yéyú):耍笑,嘲弄。《东观汉记》十《王霸》:"上令霸至市口募人,将以击(王)郎。市人皆大笑,举手揶揄之,霸惭而去。"

② 铙(náo)鼓:乐器,鼓之一种。喧阗(tián):注见前第15首。跳女巫:亦即"跳神"。一种祭神、请神之舞。清杨宾《柳边纪略》四:"满人病,轻服药而重跳神。亦有无病而跳神者。富贵家,或月一跳,或季一跳,至岁终则无有弗跳者……跳神者,或用女巫,或以冢妇,以铃系臀后,摇之作声,而手击鼓……而口致颂祷之词。"

③ 神乌:即"神鸦"。注见前第13首"神鸦"。

【译文】

常说病是鬼作祟,
敲着铙鼓请女巫。
祭余之食人不吃,
抛在门外饲神乌。

杨米人(约1740—1815),名映昶,字米人,别号净香居主人,原籍安徽桐城。少时聪颖,八岁能诗,二十三岁刊行《衍波亭初稿》。客居北京时,于高宗乾隆六十年写成《都门竹枝词》,共百首,但没有刊本流传。今多据宣宗道光十二年荫堂氏抄本辑录。著有《中隐轩诗钞》、《不易居诗集》等。

205. 衣冠楚楚上前街①

衣冠楚楚上前街,背后无声小绺来②。
扇子荷包都剪去③,先生犹是卖痴呆。

① 选自清杨米人《都门竹枝词》。楚楚:鲜明貌。
② 小绺(liǔ):扒手。也称"小李"。
③ 荷包:随身佩带或缀于衣袍之外的小囊。扇子装在扇袋中,故亦曰"剪去"。

【译文】

衣冠楚楚来到前门街,
背后早有个扒手跟着。
扇子荷包都早已不见,
先生还跟没事人一样。

杨抡(1742—1806),字莲跌,金匮(今江苏无锡)人。所作《芙蓉湖棹歌》百首,有表侄孙尔淮所作《序》云:"杨君莲跌,寓居湖滨邹氏之楼,帆樯鱼鸟,日迫轩户,即天成咏为断句百首。自叙谓仿朱竹垞《鸳鸯湖棹歌》之作,故名之曰《芙蓉湖棹歌》。"

206. 舍南舍北近官塘①

舍南舍北近官塘,善住庵前打麦场。
趁着树阴围坐好,纺车声里道家常②。

① 选自清杨抡《芙蓉湖棹歌》(《春草轩诗存》)。原注:"庵距蓬莱阁不远。"官塘:即"官河",犹运河。塘,塘河。
② 家常:家长里短的事。

【译文】

村上的屋子紧靠着运河,
善住庵前是打麦场。
借着树荫团团坐起来,
一边纺纱一边谈家常。

207. 何幸如花受重名①

何幸如花受重名,花开花落更关情②。
白云黄叶祇陀寺,自有人来吊玉京③。

① 选自清杨抡《芙蓉湖棹歌》(《春草轩诗存》)。原注:"玉京道人墓在祇

陀寺前。"

② 花开花落:即生死存亡。

③ 玉京:姓卞,名赛,字赛赛,号云装,明末秦淮妓。能诗,工小楷,善画兰。年十八,居虎丘山塘,后来出家为道士,号玉京道人。据余华《板桥杂记》说,死后葬于惠山祇(qí)陀庵锦树林中。

【译文】

> 名花总受人欢迎,
> 花开花落更关心。
> 锦树林中祇陀寺,
> 自有人来吊玉京。

黄霆,清代人。

208. 名流托迹在江乡①

名流托迹在江乡,乐府何人最擅长②?
日暮蓬台吹铁笛,百花潭上尽悲凉。

① 选自清黄霆《松江竹枝词》。原注:"元末张士诚,据吴淞郡偏安,名流托迹。杨廉夫,善乐府,自号铁笛道人,筑室百花潭上,名小蓬莱。"托迹:犹"寄寓"。江乡:犹"水乡"。意思与"江村"同。
② 乐府:诗体名。初指乐府官署所采制的诗歌,后将魏、晋至唐可以入乐的诗歌,以及仿乐府古题的作品,统称乐府。宋以后的词、散曲、剧曲因配乐,有时也称乐府。这里是指竹枝词。

【译文】

名人寄寓在江乡,
乐府要推谁擅长?
傍晚传来铁笛声,
声音是那么凄凉!

209. 满天霜雪尚鸣机①

满天霜雪尚鸣机, 腊月寒纱价甚微。
官税才输私债急②,几曾裁剪作新衣。

① 选自清黄霆《松江竹枝词》。原注:"元熊涧谷《木棉歌》云:'大儿来觅

褥,小儿来觅裤,半拟偿私债,半拟输官赋。'颇尽其致。按腊月,名寒纱布,价稍贬。"

②输:缴纳,献纳。汉桓宽《盐铁论·本议》:"往者,郡国诸侯各以其物贡输。"特指赋税。

【译文】

霜雪满天还响着织布机,
腊月的寒纱价钱最便宜。
官税刚了私债逼得紧,
哪还顾得上自家做新衣!

郝懿行(1755—1823),字恂九,号兰皋,山东栖霞人。仁宗嘉庆进士,官户部主事。潜心研究训诂之学,著有《郝氏遗书》。

210. 击筑悲歌燕市空①

击筑悲歌燕市空,争如丰乐谱人风②。
太平父老清闲惯,多在酒楼茶社中。

① 选自清郝懿行《都门竹枝词》(《晒书堂诗抄》)。击筑悲歌:说的是荆轲刺秦王的事。荆轲,战国卫人。人称荆卿,又称庆卿。为燕太子丹客,受命至秦刺秦王,诈献樊於期首级与燕督亢地图。既见,轲以匕首刺秦王,不中,被杀。筑(zhú):古弦乐器名。形如琴,十三弦。鼓法:以左手扼之,右手以竹尺击弦发声。唐代编入雅乐。
② 争如:怎如。争,犹"怎"。人风:民风,民情。

【译文】

　　　　　　击筑悲歌的事早已成为过去,
　　　　　　人寿年丰便是当今的时尚。
　　　　　　老百姓过惯太平清闲的日子,
　　　　　　大伙儿都到茶馆酒楼中逍遥。

蔡家琬(1762—1835),字石峨,合肥(今属安徽)人,曾任江西候补知县。

211. 春到江南春亦愁①

春到江南春亦愁, 含情先上柳梢头。
酿成多少销魂地②,半是离亭半画楼③。

① 选自清蔡家琬《白门柳枝词》(《陶门弟子集》)。
② 销魂:魂渐离散,形容极度的悲伤、愁苦或极度的欢乐。
③ 离亭:路旁驿亭。地远者称离亭,近者称都亭。画楼:雕饰精致的小楼,多为文人墨客或才女佳丽聚集之所。

【译文】

江南的春天来得早,
愁也不肯把人饶。
顾名思义叫离亭,
画楼也不是个少愁的地方。

212. 板桥西畔夕阳斜①

板桥西畔夕阳斜, 旧院风流总消魂②。
芳树不知儿女恨③,却从扇底衬桃花④。

① 选自清蔡家琬《白门柳枝词》(《陶门弟子集》)。板桥:桥名。为长板桥之略。在南京秦淮河边妓女聚居之旧院内。明末余怀著《板桥杂记》即指此。
② 旧院:指妓院。风流:风韵,风情。也泛指放荡的男女关系。消魂:销

魂。注见前第211首。

③ 芳树:指桃花。

④ 却从句:指孔尚任所作传奇《桃花扇》的故事。剧中李香君坚拒田仰夺婚,倒地撞头,血溅扇面,杨文骢就血点画成桃花一枝,故剧名《桃花扇》。扇底:扇里。张相《诗词曲语辞汇释》"底"四:"底,犹里也。杜甫哀王孙诗:'长安城头头白乌,夜飞延秋门上呼;又向人家啄大屋,屋底达官走避胡。'屋底,屋里也。杨万里月夜阻风泊舟太湖石塘南头诗:'谁有工夫寒夜底,独寻水月五湖中。'寒夜底,寒夜里也。"近人历史学家翦伯赞在《中国史论集》中有文章叫《桃花扇底看南朝》。扇底,也就是扇里的意思。

【译文】

板桥西边夕阳斜,
旧院的风流令人销魂。
芳树不知道儿女恨,
却从扇里开桃花。

郎葆辰(1763—1839),字文台,号苏门,桃花山人,浙江安吉人。嘉庆进士,官御史。著有《桃花山馆吟稿》。

213. 十里雷塘风景饶①

十里雷塘风景饶,登楼夜夜听琼箫②。
天边何处无明月,艳说扬州廿四桥③。

① 选自清郎葆辰《广陵竹枝词》(《桃花山馆吟稿》)。雷塘:地名。在江苏江都(今属扬州)北。又名雷陂。唐武德五年,改葬隋炀帝于雷陂南平冈上。饶:富有,丰足,多。《战国策·宋策》:"江汉鱼鳖鼋鼍为天下饶。"饶,《墨子·公输》作"富"。

② 琼箫:玉箫。

③ 艳说:艳羡地评说。艳,羡慕。廿四桥:又叫"二十四桥"。唐时扬州最繁华,城南北十五里一百一十步,东西七里三十步,有二十四座桥。唐杜牧《寄扬州判官》诗:"二十四桥明月夜,玉人何处教吹箫。"

【译文】

十里雷塘风景好,
登楼夜夜听吹箫。
天下何处无明月?
不及扬州廿四桥。

舒位(1765—1815),字立人,号铁云,小字犀禅,直隶大兴(今属北京市)人。乾隆五十三年举人。曾从勒保入黔,草檄文劝喻起事民众,事遂平。巡抚拟以宾僚请议叙,却之。旋以母老辞归。家贫,常负米湘、湖间。母卒,哀毁而殁。位性笃挚,博学多通,尤工诗,新意特出。著有《瓶水斋诗集》。

214. 豆蔻梢头月如钩①

豆蔻梢头月如钩, 山花开近女郎楼。
不知谁擫青芦管②,一夜春情散不收。

① 选自清舒位《黔苗竹枝词》(《瓶水斋诗集》)。豆蔻:植物名。多年生常绿草本。又名草果。分肉豆蔻、红豆蔻、白豆蔻等种。肉豆蔻、白豆蔻国内外均有出产,红豆蔻生于南海诸谷中,南人取其花尚未大开者,名含胎花,言如怀妊之身。诗人或以喻未嫁少女,言其少而美。豆,也作"荳"。唐杜牧《赠别》诗:"娉娉袅袅十三余,荳蔻梢头二月初。"
② 擫(yè):以指按捺。唐李商隐《柳枝·序》:"吹叶嚼蕊,调丝擫管。"

【译文】

如钩的月亮挂在豆蔻梢头,
山花盛开接近女郎楼。
不知是谁吹奏着芦管?
春情骀荡整夜都难收。

215. 埋骨青山隔几春①

埋骨青山隔几春, 英雄沾尽女儿巾。
五人之墓千人石②,为活千人死五人。

① 选自清舒位《虎丘竹枝词》(《瓶水斋诗集》)。

② 五人墓:明末,魏忠贤乱政,大肆迫害东林党人。苏州市民群起反抗暴政,颜佩韦、杨念如、马杰、沈扬、周文元五人遭杀害。苏州人民将五人尸体合葬于虎丘,张溥撰写《五人墓碑记》记其事。千人石:也叫"千人坐"。在今江苏苏州市虎丘山剑池旁。相传南朝梁生公在此说法。唐陆广微《吴地记》:"虎丘山……(剑)池傍有石,可坐千人,号千人石。"

【译文】

英雄的尸骨埋在青山上,
多少年来湿透了女儿的手巾。
五人墓与千人石,
为了拯救千人不惜牺牲五人。

瞿中溶(1769—1842),字苌生,号木夫,嘉定(今属上海市)人。钱大昕之婿。官湖南布政史理问。嗜金石,暇复搜奇访僻,于人烟稀冷之境,所获益多。中溶博综群籍,富收藏,工书画,兼长音韵,尤精考订之学。著有《奕载堂文集》、《古泉山馆诗》、《说文地名考异》、《湖南金石志》等。

216. 织布闲时即纺纱①

织布闲时即纺纱,穷家妇女托生涯②。
近来利薄难衣食,全仗夫男养一家③。

① 选自清瞿中溶《续练川竹枝词廿八首》(《古泉山馆诗集·归田园居抄》)。
② 托:寄托,假借。托生涯,生活有着落。
③ 夫男:犹夫君。妻称夫。

【译文】

不织布时就纺纱,
穷人家的妇女借此度生涯。
近来利薄也歇了手,
全靠丈夫养活全家。

217. 田地而今利更微①

田地而今利更微, 完粮以外剩无几②。
些些薄产关门过③,朝典钗环暮典衣④。

① 选自清瞿中溶《续练川竹枝词廿八首》(《古泉山馆诗集·归田园居抄》)。田地:耕种田地,也就是务农。
② 完粮:农民向官府缴纳农业税。
③ 些些:少许。唐白居易《衰病》诗:"更恐五年三岁后,些些谈笑亦应无。"关门过:即没有别的收入。
④ 典:抵押。即俗语所谓"当"。

【译文】

靠种田地收获就更少,
完过粮后所剩已无几。
单凭这点薄产难以过日子,
今天当首饰明天就当衣。

查揆(1770—1834),又名初揆,字伯揆,号梅史,浙江海宁人。嘉庆九年举人,曾任顺天蓟州知州。著有《筼谷文集》、《菽原堂集》。

218. 虎坊桥畔引车来①

虎坊桥畔引车来, 想像当年傍水隈。
乡味称名也止渴②,樱桃一路接杨梅。

① 选自清查揆《燕台口号一百首》。车:运水车。虎坊桥下向有水,今涸。
② 止渴:即"望梅止渴"。比喻以空想安慰自己。南朝宋刘义庆《世说新语·假谲》:"魏武行役失汲道,军皆渴,乃令曰:'前有大梅林,饶子,甘酸可以解渴。'士卒闻之,口皆出水,乘此得及前源。"
北京有地名樱桃斜街、杨梅竹斜街;北方没有樱桃与杨梅,街道取这些名字显然含有"望梅止渴"的意思。清宗室退龄著《醉梦录》卷上云:"莫切崖元英行七,浙江山阴县人也,其人古貌古心,不修边幅,见人则跪拜不已,虽仆役亦然,以此人皆以莫疯子呼之。然其学问渊博,凡医卜星相堪舆之术,以及诗古文词,无不通晓,尤精于医,多不循古方,寓京师已三十余年矣。诗不多作,曾记其一联云:'五月杨梅三月笋,为何人不住山阴',其不克还乡之苦况,已露于言表。"

【译文】

水车从虎坊桥边拉过,
想到从前桥下流水汩汩的情状。
樱桃、杨梅取作北京的地名,
足见江南人望梅止渴的苦况。

王培荀(1783—1859),字景叔,号雪峤。其先祖乃河北枣强人,明洪武初,始迁山东淄川(今属淄博);从明世宗嘉靖至清圣祖康熙,淄川王氏科第蝉联,代有闻人,是当时淄川的望族。但是,从康熙年间之后,王氏便日趋没落。迨至王培荀生活的年代,淄川王氏已由昔日"一县科甲半出王门"的缙绅世族,衰落为"书香不振近百年"的寻常人家。王培荀自幼天赋过人,读书、治学刻苦勤奋。但在仕途上也并不顺利,多次考试都不中式。他以设帐教书谋生,曾馆山东蒲台、长山等地。宣宗道光十五年,恰逢朝廷开设六年一度的挑场,遂以孝廉方正获大挑一等。同年,以县令分发四川,历任酆都、荣昌、新津、兴文、荣县等县知县。道光二十九年,以四川嘉定府荣县知县致仕归田。又十年,即咸丰九年病故于山东淄川故园,终年七十七岁。著作有《乡园忆旧录》、《听雨楼随笔》、《雪峤日记》等。

219. 临江半是钓人居①

临江半是钓人居,妇子团圞乐有余②。
顿顿香蒸云子饭③,条条柳贯桃花鱼④。

① 选自清王培荀《嘉州竹枝词》(《寓蜀草》卷三)。原注:"此地产桃花鱼,桃花开则生。额有红点如桃花。"
② 团圞(luán):圆聚。也作"团栾"、"团圝"。《景德传灯录》八《襄州居士庞蕴》:"有偈曰:有男不婚,有女不嫁,大家团欒头,共说无生活。"
③ 云子:碎云母,状如米粒圆白。传为神仙服食之物。旧题汉班固《汉武帝内传》:"北陵绿阜太上之药,风实云子,玉津金浆。"亦喻指米粒,米粒。宋袁文《瓮牖闲评》六:"杜陵诗云:饭抄云子白。盖谓饭可以比云子之白也。至后世则便以饭为云子。故唐子西诗云:云子满田行可捣。又汪彦章诗云:秋来云子滑流匙。"
④ 贯:穿,以绳穿物。如贯鱼,成串的鱼。

【译文】

渔民大半靠江边居住,
男女老小一家团聚。
吃的顿顿是云子饭,
还有柳条贯的桃花鱼。

220. 明月楼头且醉眠①

明月楼头且醉眠,从来富贵亦徒然②。
邓通坟近铜山在③,寒食无人挂纸钱④。

① 选自清王培荀《竹枝词》(《听雨楼随笔》卷五)。诗共有三首,分别写邓通、张飞与秦良玉;诗前有序云:"邓通之铜山,富人而乞丐也;……亦可谓之三反,作《竹枝词》咏之。"明月楼:楼名。在江苏江都(今属扬州市)东北。《何良俊语林》扬州赵氏好客,有明月楼,一时题咏甚多。赵子昂题楣帖:春风阆苑三千客,明月扬州第一楼。(原注:"在嘉定。")

② 徒然:枉然。《文选·南朝梁任彦升(昉)〈为范始兴作求立太宰碑表〉》:"瞻彼景山,徒然望慕。"

③ 邓通:汉南安人。因善濯铅为黄头郎,尝为文帝吮痈得宠,赐蜀严道铜山,可自铸钱,因之邓氏钱满天下。景帝立,尽没收入宫。通寄死人家。

④ 寒食:节令名。在农历清明前一或二日。南朝梁宗懔《荆楚岁时记》:"去冬节一百五日,即有疾风甚雨,谓之寒食,禁火三日,造饧大麦粥。"相传春秋时晋国介之推辅佐重耳(晋文公)回国后,隐于山中,重耳烧火逼他出来,之推抱树而死。文公为悼念他,禁止在之推死日生火煮物,只吃冷食。以后相沿成俗,叫做寒食禁火。

【译文】

喝醉了酒就在明月楼上睡,
荣华富贵从来就靠不住。
邓通的坟墓就在铜山旁边,
清明时节还有谁为他挂纸钱。

王大淮,清代人。

221. 盈盈渌水浸荷花①

盈盈渌水浸荷花, 郎唱采菱妾浣纱。
怪煞喧声乱曲意②,寻将石子打鸣蛙。

① 选自清王大淮《横塘竹枝词》(《可竹轩诗录》)。盈盈:清澈貌。渌(lù)水:谓清池。
② 曲意:歌词的意思。亦指男女间的私情。

【译文】

　　　　池塘里开满艳丽的荷花,
　　　　郎采菱唱歌我漂着纱。
　　　　咯咯的鸣声搅乱了曲意,
　　　　拿块石子丢向多嘴的青蛙。

222. 绿杨深处掩湖光①

绿杨深处掩湖光, 团扇摇风扑面凉。
说与同行须小步②,恐惊花底睡鸳鸯③。

① 选自清王大淮《横塘竹枝词》(《可竹轩诗录》)。掩:遮蔽,遮盖。
② 小步:步子小而又轻。俗语所谓"轻脚轻手"。
③ 鸳鸯:注见前第70首。

【译文】

浓密的杨柳遮住了潋滟的湖光,
拿一把团扇在手中轻飏。
"放轻脚步别发出响声,
免得吵醒睡在花底的鸳鸯。"

林则徐(1785—1850),字元抚,晚号竢村老人,福建侯官(今福州市)人。仁宗嘉庆进士,入翰林院。先后被任命为东河河道总督、江苏巡抚、湖广总督、两广总督等。宣宗道光十八年又受命为钦差大臣,到广东查禁鸦片,民心大顺,国威大振。后因投降派的诬害,被革职,充军伊犁,流放多年。曾与龚士珍、黄爵滋、魏源等人倡导经世之学。著有《信及录》《云左山房诗抄》等。

223. 桑椹才肥杏又黄①

桑椹才肥杏又黄,甜瓜沙枣亦糇粮②。
村村绝少炊烟起,冷饼盈怀唤作馕③。

① 选自清林则徐《回疆竹枝词》(《云左山房诗抄》卷七)。
② 甜瓜:注见前第80首。沙枣:即"沙拐枣"。蓼科。灌木。瘦果宽椭圆形。分布于中国内蒙古、甘肃、新疆等地。生于沙丘、沙地,为耐寒植物。糇(hóu)粮:干粮。《大雅·公刘》:"乃积乃仓,乃裹糇粮。"
③ 馕(náng):波斯语音译,清人译作"饽饽"。用小麦面、玉米面或高粱面做成饼,通常是贴在烧热的烘炉中烤熟,便于贮存或携带。

【译文】

桑葚肥大杏子也黄熟,
甜瓜沙枣都作为干粮。
村里很少有开火舱的人家,
怀里的硬饼名字就叫馕。

鲁忠,字赓文,一字守堂,会稽人。

224. 遮翠山头卜一椽①

遮翠山头卜一椽,门外横溪屋后田。
三月青蛙鸣阁阁,五月梅雨流溅溅②。

① 选自清鲁忠《鉴湖竹枝词》。卜椽(chuán):择地建屋。卜,选择;椽,椽子。以代屋子。
② 溅溅(jiān):流水声。《乐府诗集·木兰诗》之一:"旦辞爷娘去,暮宿黄河边。不闻爷唤女声,但闻黄河流水鸣溅溅。"

【译文】
  遮翠山头筑间屋子安了家,
  门前清溪供洗涤屋后风吹稻花香。
  三月里青蛙阁阁叫,
  五月里梅雨下得哗哗响。

得硕亭,生平不详。所撰《草珠一串》竹枝词,刊行于嘉庆二十二年。

225. 饭馆俱将雅座添①

饭馆俱将雅座添, 间间独屋挂湘帘②。
人非断袖休来此③,博士无言已暗嫌④。

① 选自清得硕亭《草珠一串》。雅座:指茶馆饭店中比较精致而舒适的小房间。
② 湘帘:用湘妃竹做的帘子。
③ 断袖:裁断衣袖。《汉书·董贤传》:"常与上卧起,尝昼寝,偏藉上褏,上欲起,贤未觉,不欲动贤,乃断褏而起。"褏,同"袖"。后因称男宠为断袖。
④ 博士:唐代江南俗称卖茶人为博士。卖酒人也叫博士。磨工也叫博士。都是尊称人多才多艺之词,犹后世称人为师傅。

【译文】

饭馆内部都设有雅座,
一间间单独的屋子挂着湘帘。
不是断袖就休想进来,
博士嘴上不说心里早讨嫌。

226. 苏松小馆亦堪夸①

苏松小馆亦堪夸, 南式馄饨香片茶②。
可笑当垆皆少妇③,馆名何事叫妈妈。

① 选自清得硕亭《草珠一串》。原注:"宣武门外有妈妈馆。"苏松:地名。即苏州、松江。
② 香片:花茶。茶叶加木樨、茉莉等花拌和而窨藏之,使气味芳香。
③ 当垆:注见前第53首。

【译文】

> 苏松人的饭馆真也值得称赞,
> 南式的馄饨香片的茶。
> 可笑的是服务员都是年轻女子,
> 却为何把店名叫作妈妈?

227. 黄瓜初见比人参①

黄瓜初见比人参,小小如簪值数金②。
微物不能增寿命,万钱一食亦何心!

① 选自清得硕亭《草珠一串》。黄瓜:本名胡瓜,据说是张骞从西域传来。后因避石勒讳,改称黄瓜。黄瓜亦如菜瓜,生食之外,又可酱糟,俗亦称为酱瓜,惟瓜形较菜瓜为小。周作人在《鲁迅的故家·菜蔬》中说:"小孩得了大人的默许,进园里去可以挑长成得刚好的黄瓜,摘下来用青草擦去小刺,当场现吃。乡下的黄瓜色淡刺多,与北方的浓青厚皮的不同,现摘了吃味道更是特别。"
② 簪(zān):插定发髻或冠的长针。数金:几钱银子。

【译文】

> 黄瓜刚上市可以与人参相比,
> 小得像簪子就值几钱银子。
> 小小的物事不能延长寿命,
> 花那么多钱不知道是啥意思?

228. 名班小曲最迷人①

名班小曲最迷人，一转秋波万象春②。
岂知有情腮上笑③,绝风流处善能颦④。

① 选自清得硕亭《草珠一串》。名班:著名的戏班子。
② 秋波:秋天的水波,比喻美女的眼睛、目光。形容美目清如秋水。宋苏轼《百步洪》诗之二:"佳人未肯回秋波,幼舆欲语防飞梭。"
③ 腮上笑:脸上的笑容。腮,两颊的下半部。俗称腮帮子。
④ 风流:风韵,风情。颦(pín):皱眉。

【译文】

名班的小曲最吸引人，
秋波一转万象回春。
岂知有情全在那笑脸，
绝顶的风流还在于一颦。

佚名,清代人。

229. 廿四桥头又夕阳①

廿四桥头又夕阳,画桡小泊竞飞觞②。
卖花声向桥边过,时有风来送晚香。

①　选自清佚名《秦淮竹枝词》(孙兆溎辑《花笺录卷十四》)。廿四桥:疑即"二十四浮航"。近人朱偰《南京的名胜古迹·秦淮河》:"据史书记载,河上有二十四浮航,遇有战事,撤航为备,可以想见当年怒涛澎湃、楼船飞滚之势。"
②　画桡(ráo):画舫。桡,划船的桨。指代船。飞觞(shāng):狂饮酒貌。觞,酒杯。

【译文】

夕阳普照着二十四桥,
画船泊岸竞相飞觞。
卖花声从桥边飘过,
阵阵晚风送来花香。

230. 武定桥连文德桥①

武定桥连文德桥,水关处处总通潮。
随潮荡进随潮返,两桨无须着力摇。

①　选自清佚名《秦淮竹枝词》(孙兆溎辑《花笺录卷十四》)。武定桥、文德桥:俱在秦淮河上。近人朱偰《南京的名胜古迹·秦淮河》:"又西南经文德桥、武定桥,到长乐渡,便是古朱雀航地方。"

【译文】

武定桥连接文德桥,
水关处处都通潮。
随潮进又随潮返,
不必双桨用力摇。

李于璜,字子沆,号东村,宝丰(今属河南省)人。道光六年拔贡。他六棘闱,终不得售。壮游齐、楚,以诗名。死后由友人篡集遗作,刻印了《方雅堂集》。《汴宋竹枝词》百首,载《三怡堂丛书》。

231. 明珠的的价难酬①

明珠的的价难酬,昨夜南风芡嘴浮②。
似向胸前解罗被,碧荷叶裹嫩鸡头。

① 选自清李于璜《汴宋竹枝词》。原注:"《东京梦华录》:'鸡头上市,则梁门里李和家最盛。用小荷叶糁以麝香红小索儿系之。卖者虽多,不及李和一色拣银皮子嫩者货之。欧阳修《初食鸡头有感》诗:六月京师暑雨多,夜夜南风吹芡嘴。'"明珠:珍珠。汉班固《白虎通》五《封禅》:"江出大贝,海出明珠。"的的:明白,昭著。

② 芡:水生植物名。又名鸡头。种子名芡实,供食用或入药。

【译文】

　　一粒粒珍珠难以估价,
　　昨夜的南风吹得鸡头往上浮。
　　仿佛揭开胸前的罗被,
　　露出小荷叶儿包的嫩鸡头。

沈金生,清代人。

232. 泥人天气可怜宵①

泥人天气可怜宵,月下呼舟缓缓摇。
真是一只销金锅②,四更犹有满湖箫。

① 选自清沈金生《西湖棹歌》。泥人:软缠人。唐卢仝《示添丁诗》:"不知四体正困惫,泥人啼哭声呀呀。"可怜:可恼。实际上是可爱之极。
② 销金锅:指西湖。元周密《武林旧事·西湖游幸、都人游赏》:"西湖天下景,朝昏晴雨,四序总宜,杭人亦无时而不游,而春游特盛焉……日糜金钱,靡有纪极,故杭谚有销金锅儿之号。"《元诗选》宋无《子虚喥呧集·西湖》:"恋着销金锅子暖,龙沙忘了两宫寒。"

【译文】

缠人的天气无奈的良宵,
月下雇了条小船慢慢摇。
真是一只销金锅儿呵!
四更天湖面上还吹着箫。

沈香岩,名德,字辰桂,号香岩,又称"鞍山第七桥半亭老人",山阴(今浙江绍兴)马鞍人。绍兴名幕。仁宗嘉庆、宣宗道光年间,历任燕赵闽皖大吏幕友三十余年。初在福建汀州府,后随邓廷桢调迁,入安徽巡抚幕、两广总督幕。著有《寿樟书屋诗稿》。

233. 三月安山春色赊①

三月安山春色赊,沿村桃李斗繁华。
老人无力寻芳去,策杖篱边看菜花。

① 选自清沈香岩《鞍山杂咏》。《自序》:"余家在马鞍村,村口有山,其形如马。秦始皇时,望气者云:'南海有五色气',遂发卒千人凿断山之冈阜,形如马鞍,附山居民遂以名村。"安山:即"鞍山"。赊(shē):奢。亦即多。

【译文】

三月里的鞍山春光灿烂,
村边的桃李花竞相开放。
老年人无力去远游,
拄着根拐棍篱边看菜花。

234. 桑麻屋舍任西东①

桑麻屋舍任西东,曲水平桥一路通②。
云外青山山外村,人家都住绿荫中。

① 选自清沈香岩《鞍山杂咏》。任:听凭。整句是说:在屋边随便种着些桑麻。

② 曲水:曲曲折折的河流。

【译文】

屋子周围种着桑与麻,
弯弯的流水淌过平桥下。
村在山边,山在云外,
一大片绿荫看不到人家。

235. 老妻扶杖念弥陀①

老妻扶杖念弥陀,稚子划船唱棹歌②。
村店满缸新酒贱③,俞公塘上醉人多④。

① 选自清沈香岩《村居诗》。弥陀:阿弥陀佛的简称。念弥陀,民间通称念佛。
② 棹(zhào)歌:船工行船时所唱之歌。
③ 村店:村上的小店。俗称"乡下店"。
④ 俞公塘:俞公筑的堤。犹杭州西湖的苏公堤。

老妇人多数信佛,除了在家中烧香拜佛,有时还到邻居家念佛,焚烧冥钞给死者。这是工作,也是消遣。

【译文】

老妻拄着拐杖去念佛,
小孩子划着船唱着歌。
村店里新酿的酒又香又便宜,
俞公塘上喝醉酒的人特别多。

潘焕龙,字卧园,湖北罗田人。生卒年均不详,约道光中前后在世,年七十三岁。道光五年举人。敦品励学,尤工于诗。游京师,与曾燠、陈沆、黄爵滋相切劘,所谐益进。尝赋《七白松歌》,苍郁古厚,一时传诵都下。历官河南清川、商丘及山东邹平知县,所至有循声。暇则与邑人士酬酒论文为乐,乞养归。著有《四梅花屋诗抄》、《卧园诗话》及《泰山游记》、《读书日记》,并行于世。

236. 柴门曲曲枕江流①

柴门曲曲枕江流, 耕织毫无分外求。
翻羡贫家夫妇乐②,一生从不识离愁③。

① 选自清潘焕龙《舟行杂诗》十一(《四梅花屋诗抄》卷八)。柴门:用柴作的门。言其简陋。也用以指贫寒之家。曲曲:深隐貌。枕:临,靠近。《汉书·严助传》:"会稽东接于海,南近诸越,北枕大海。"
② 翻:反而,副词。
③ 离愁:离别的忧愁。

【译文】

农家的大门靠近江河,
男耕女织没有过分的要求。
穷人家夫勤妇俭多么快乐,
一生不知道有离别的忧愁。

237. 弱女纤腰柳不如①

弱女纤腰柳不如, 朝朝荡桨奋轻裾②。
庸知绣阁垂帘坐③,摇扇犹嫌暑未除。

① 选自清潘焕龙《舟行杂诗》二十(《四梅花屋诗抄》卷八)。弱女:幼女。弱,年少。纤腰:细腰。

② 裾(jū):衣服的前襟。

③ 庸:岂,难道,副词。绣阁:犹绣房,妇女之华丽居室。宋周邦彦《风流子》词:"绣阁凤帏深几许,听得理丝簧。"

【译文】

姑娘的腰细得连柳条也比不上,
天天牵动着衣襟把船摇。
绣阁中垂帘闲坐的大小姐,
打着扇子还说热得受不了。

阮先(1814—1893),字慎斋,甘泉县(今江苏扬州)人。阮充之兄,被清政府特赏六品衔詹事府主簿。著述很多,但多散失,传世有《北湖续志》、《北湖续志补遗》。

238. 平常青菜费张罗①

平常青菜费张罗,难觅时新芹与菠。
但见家家三月底,满湖滩上摸泥螺②。

① 选自清阮先《渌湖竹枝词》。张罗:料理,筹划。《朝野新声太平乐府》二金元遗山《骤雨打新荷》曲:"穷通前定,何用苦张罗?"
② 螺:螺蛳或田螺。

【译文】

    一日三餐菜也颇费张罗,
    芹菜菠菜哪能每日都有。
    眼看三月即将过去,
    又到湖边摸泥螺的时候。

周光祖(1818—1865),字雪瓯,号锡侯,浙江山阴(今绍兴市)人。咸丰九年进士,官刑部主事,著《耻白集》。在越与李慈同为"皋社"成员。

239. 瓜皮小艇出西城①

瓜皮小艇出西城, 恰恰春莺惯有情②。
曹女祠前私卜珓③,寂无人处也低声。

① 选自清周光祖《鉴湖棹歌》。瓜皮艇:即瓜皮船。小船名。《北堂书抄》一三七晋《王璿集·杂讼》:"瓜皮船本图以仓促用之耳,宁可深入敌境耶。"
② 恰恰:象声词。鸟叫。
③ 曹女:曹娥。东汉时会稽郡上虞县(今属浙江省)人。相传其父五月五日迎神,溺死江中,尸骸流失。娥年十四,沿江哭号十七昼夜,投江而死。珓(jiào):方言读若告。为占卜的工具,用两片蚌壳或竹根做成,投于地,一俯一仰者为圣珓,吉。珓,又写作筊。

【译文】

坐着小船出了西郭门,
一路上只听到黄莺的歌声。
曹娥庙里偷偷卜了个卦,
身边无人说话也不敢大声。

240. 青田湖岸路欹斜①

青田湖岸路欹斜, 指点虹桥是妾家②。
门外一株银杏树③,树边开遍紫藤花④。

① 选自清周光祖《鉴湖棹歌》。青田湖:湖名。在绍兴城西北,北隔鉴湖,南通梅山、三江。旧俗三月十三日为马臻诞辰,举行赛会,湖中还有竞渡。欹(qī)斜:倾斜。

② 虹桥:一名玉龙桥,在绍兴西郭迎恩门外,跨运河。李慈铭诗称"霞川",即西起霞头桥,东至迎恩桥的一段。

③ 银杏树:落叶乔木,雌雄异株,叶片扇形。种子椭圆形,果仁可以吃,也可以入药。也叫公孙树。俗称白果树。

④ 紫藤:木名。晋嵇含《南方草木状》中:"紫藤,叶细长,茎如竹根,极坚实……其茎截置烟臭中,经时成紫香。"春季先叶开花,花冠蝶形,青紫色(变种花白色),总状花序下垂。

【译文】

青田湖岸边的路不好走,
告诉你虹桥就是我的家。
门外有一株银杏树,
树旁边开遍了紫藤花。

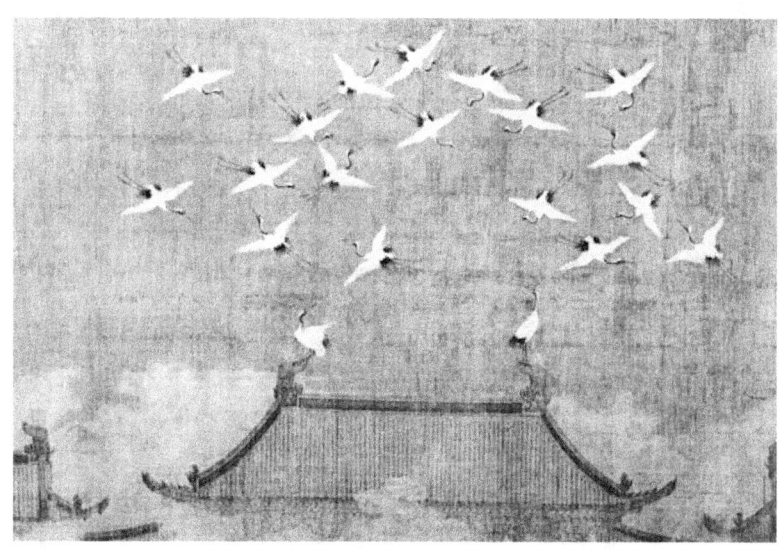

完颜崇实(1820—1876),字子华,号横山,满族。道光三十年进士,散馆授编修。后任刑部尚书、盛京将军。

241. 连天枯草白于霜①

连天枯草白于霜, 时见纷纷走鹿獐②。
莫克脑中求止宿③,夜深风比虎犹狂。

① 选自清完颜崇实《蒙古台站竹枝词》(《适斋诗集》卷二)。连天:形容面积广阔。
② 獐(zhāng):兽名。鹿属。亦作"麞"。
③ 莫克脑:蒙古语。即有水草处。

【译文】

漫山遍野的枯草比霜还白,
时不时见到奔跑的鹿和獐。
遇到有水的地方就住宿,
深夜的风比老虎还疯狂。

242. 沙山顷刻自迁移①

沙山顷刻自迁移, 乌拉前行已路迷②。
天日晴和犹惨淡③,微飔即不辨东西④。

① 选自清完颜崇实《蒙古台站竹枝词》(《适斋诗集》卷二)。顷刻:片刻。
② 乌拉:蒙古语。带路人。

③ 惨淡:凄凉的景象。
④ 微飔(sī):微风。

【译文】

一座沙山顷刻间自动转移,
向导在前面走也把路迷。
天晴的日子还免不了凄凉,
几阵微风就辨不出东西。

243. 遥看蚁阵黑纷纷①

遥看蚁阵黑纷纷,道是罕家牛马群②。
近水何尝无沃土,可怜从不识耕耘。

① 选自清完颜崇实《蒙古台站竹枝词》(《适斋诗集》卷二)。蚁阵:蚂蚁排着队。
② 罕家:部落首领。

【译文】

远看黑簇簇就像蚂蚁穿阵,
原来是头领家的牛马群。
近水的地方不是没有沃土,
只是从来不知道耕耘。

罗㬅,清代人。《清诗纪事》道光卷载罗㬅《壬寅夏纪事竹枝词》十六首,作者生平未详。

244. 万姓乡民唤奈何①

万姓乡民唤奈何,奸人倒比畜生多。
欺君误国谁为首,元恶先教漏网罗②。

① 选自清罗㬅《壬寅夏纪事竹枝词》。万姓:犹百姓。
② 元恶:首恶,大恶人。网罗:捕鱼龟鸟兽的用具。喻法律。

【译文】
老百姓只能感叹无可奈何,
奸刁的恶人真比畜生还多。
欺君误国是谁带的头,
元凶却早已先遛走。

褚维垲,字爽斋,浙江余杭人(今杭州)。咸丰元年举人,历官安徽候补直隶州知州。撰有《人境结庐诗稿》。

245. 燕市箫声乞食来①

燕市箫声乞食来,琵琶檀板共追陪②。
夜深月色明如昼,调奏沿街一剪梅③。

① 选自清褚维垲《人境结庐诗稿·燕京杂咏》。
② 追陪:伴随。
③ 一剪梅:词牌名。宋周邦彦词起句为"一剪梅花万样娇",因取以为名。

【译文】

街上的乞丐吹着竹箫,
琵琶拍板紧紧跟上。
到夜里月白风清,
一剪梅的歌声在耳边回荡。

246. 一枝筇竹托行踪①

一枝筇竹托行踪, 应是周庭旧瞽宗②。
世路崎岖全不识③,太平小鼓击冬冬④。

① 选自清褚维垲《人境结庐诗稿·燕京杂咏》。筇(qióng)竹:竹名。《史记·张骞传》言邛都邛山出竹,可以作杖。其后加竹作"筇"。又名扶老竹。行踪:行动的踪迹。

② 瞽(gǔ)宗:殷代学宫名。
③ 崎岖(qíqū):形容山路不平,也比喻处境艰难。
④ 太平鼓:原注:"盲者击小鼓,名为太平鼓。"

【译文】

一根竹竿的用处有多大,
盲目的老人走路全靠它。
世道艰险他全看不到,
太平小鼓敲得冬冬响。

247. 沙土疏松木易栽①

沙土疏松木易栽, 灌园多半作生涯②。
鸭儿梨子苹婆果③,风物燕京此最佳④。

① 选自清褚维垲《人境结庐诗稿·燕京杂咏》。
② 灌园:从事田园劳动。生涯:注见前第32首。
③ 鸭儿梨:梨的一种,卵圆形,皮薄而光滑,淡黄色,有棕色斑点,味甜,脆而多汁。杭州人叫雅梨(雅或即"鸭")。苹婆:果木名。别称凤眼果。种子供食用。
④ 风物:风光景物。陶潜《游斜川诗序》:"天气澄和,风物闲美。"

【译文】

疏松的土质适宜种果木,
老农的生涯大半靠种植。
鸭儿梨,苹婆果,
京师的名物它俩最出色。

248. 谁言嗜味本相同①

谁言嗜味本相同，饽饽炉头熨火红②。
赢得如兰好气息③，卷和伏酱裹春葱④。

① 选自清褚维垲《人境结庐诗稿·燕京杂咏》。嗜味：嗜好与口味。这句是说：食品各有各的滋味。
② 饽饽(bō)：面食的通称。看诗中所说，似是大饼一类的食品。
③ 赢得：获得。唐杜牧《遣怀》诗："十年一觉扬州梦，赢得青楼薄幸名。"
④ 伏酱：伏天晒的酱。有豆酱、麦酱等等。

饽饽这种饼在杭州也有，俗称"葱包桧儿"（桧儿即油条，据说是作践秦桧的）。绍兴却叫烙饼。周作人在《南北的点心》中说："我们故乡是在钱塘江的东岸，那里不常吃面食，可是有烙饼这物事。这里要注意的，是烙不读作老字音，乃是'洛'字入声，又名为山东饼，这证明原来是模仿大饼而作的，但是烙法却大不相同了，乡间卖馄饨面和馒头都分别有专门的店铺，唯独这烙饼只有摊，而且也不是每天都有，这要等待那里有社戏，才有几摊在戏台附近，供看戏的人买吃，价格是每个制钱三文，计油条价二文，葱酱和饼只要一文罢了。做法是先将原本两折的油条扯开，改作三折，在熬盘上烤焦，同时在预先做好的直径约二寸，厚约一分的圆饼上，满搽红酱和辣酱，撒上葱花，卷在油条外面，再烤一下，就做成了。它的特色是油条加葱酱烤过，香辣好吃，那所谓饼只是包裹油条的东西，乃是客而非主，拿来与北方原来的大饼相比，厚大如茶盘，卷上黄油与大葱，大嚼一张，可供一饱，这里便显出很大的不同来了。"杭州的葱包桧儿做法与绍兴的烙饼相同，只是香葱是整条的而非葱花，这好像又与北方相同了。

【译文】

谁说食品的滋味都相同，
微黄的烧饼烤在炭炉中。
香气扑鼻难形容，
甜酱香葱裹在饼当中。

许锷,字达夫,咸丰间吴县(今江苏苏州)人。

249. 三月溪边事事幽①

三月溪边事事幽, 仓庚啼罢又鸣鸠②。
东风七里横塘路③,无数杨花入画楼。

① 选自清许锷《石湖棹歌百首》(《听雨闲谈》外二种)。幽:安闲。
② 仓庚:黄莺的别名。也叫商庚、骊黄。鸠:斑鸠。
③ 七里横塘:地名。通称"七里山塘"。近人朱偰《苏州的名胜古迹·山塘河》:"山塘河起自阊门,直到虎丘,长约七里,号称'七里山塘'。这一条山塘河,是唐代白居易做苏州刺史时发动民工开凿的,沟通南北,直达运河;塘旁有路,即山塘街,旧时吴人称为白公堤。"

【译文】

三月的溪边最适宜游览,
听罢莺歌又听斑鸠。
东风阵阵塘路悠悠,
片片杨花飞进了画楼。

250. 卢家浜口竹编门①

卢家浜口竹编门, 转过小桥又一村。
邻姐相呼挑菜去②,满畦新绿竹生孙③。

① 选自清许锷《石湖棹歌百首》(《听雨闲谈》外二种)。浜(bāng):小河。

② 挑菜:挖取野菜。挑,方言读若刁。
③ 竹孙:竹枝根末端所生的新枝。

【译文】

越过小桥又是另一个村庄,
卢家浜口有户竹门的人家。
隔壁的姐姐约我去挑菜,
满园的孙竹又爆出了新芽。

251. 莺梭燕剪扑花梢①

莺梭燕剪扑花梢,邻比携筐馈小巢②。
石板桥南凭眺处,半湖浓绿长新茭③。

① 选自清许锷《石湖棹歌百首》(《听雨闲谈》外二种)。莺梭燕剪:形容莺、燕飞翔的样子。
② 邻比:邻居。馈(kuì):馈赠。小巢:野菜名。宋陆游《巢菜并序》:"蜀蔬有两巢,大巢豌豆之不实者,小巢生稻畦中,东坡所谓元修菜也。吴中绝多,名漂摇草,一名野豌豆,但人不知取食耳。"
③ 茭:茭白。菰的嫩茎,又名雕胡。
小巢俗称野豌豆,与豌豆极相似,只是花不同,豌豆开白花,野豌豆则开紫花。

【译文】

流莺飞燕从花梢掠过,
邻居家送来了一篮小巢。
站在石板桥上向南眺望,
浓绿的茭白潭里长出了新茭。

252. 沼吴功就载西施①

沼吴功就载西施,浪迹五湖人不知②。
疏柳一村依旧绿,湖边留得墅名蠡③。

① 选自清许锷《石湖棹歌百首》(《听雨闲谈》外二种)。沼吴:注见前第178首。
② 五湖:即太湖。
③ 蠡(lí):指春秋时越国大夫范蠡。范蠡,春秋楚宛(今河南南阳)人,字少伯。仕越为大夫,辅佐越王勾践刻苦图强,卒灭吴国。他以勾践为人可与同患难,不能同安乐,遂去越入齐,改名鸱夷子皮。到陶称朱文,经商致富,十九年中,治产三致千金,一再分散与贫交和疏远的兄弟。

【译文】

歼灭吴国功成名就,
带着西施泛五湖而走。
在疏柳垂垂的湖边上,
以蠡名村的地方教人思慕。

李慈铭(1830—1894),字爱伯,号莼客,人称越缦老人,浙江会稽(今绍兴市)人。德宗光绪六年进士,累官山西道鉴察御史。著有《白华绛柎阁诗集》、《霞川花隐词》、《越缦堂日记》等。

253. 越王台畔柳垂垂①

越王台畔柳垂垂,多事春风作意吹②。
八百里湖规作镜③,供他十万画蛾眉④。

① 选自清李慈铭《鉴湖柳枝词》。越王台:绍兴城区龙山旧有越国宫台(一作室台),唐窦巩《南游感兴》诗"鹧鸪飞上越王台",即指此。南宋嘉定十五年,郡守汪纲建越王台,有楹联曰:"十万家灯火尽归此处楼台,八百里湖山知是何年图画",极言其宏伟气概。垂垂:形容下垂、下降。唐杜甫《和裴迪蜀州东亭送客逢早梅相忆见寄》:"江边一树垂垂发,朝夕催人自白头。"

② 作意:故意。

③ 规:谋画。

④ 蛾眉:蚕蛾的触须,弯曲而细长,如人的眉毛,故以比喻女子长而美的眉毛。

【译文】
越王台边的柳条鬈然下垂,
多事的春风故意地吹。
八百里的湖面当作镜子,
足够供十万个女人画眉。

孙埌,字子九,号少楼,晚号退宜,浙江会稽(今绍兴市)人。清末诸生,工诗,与李慈铭友善,馆于皋埠,结"皋社"为社长。终生不仕。有《退宜堂诗集》存世。

254. 南湖白小论斗量^①

南湖白小论斗量, 北湖鲤鱼尺半长。
鱼船进港曲船出^②,水气着衣闻酒香。

① 选自清孙埌《过东浦口占》(《退宜堂诗集》)。南湖:又称南塘。下句北湖,又称北塘。南宋嘉泰元年疏浚鉴湖,于老塘之北更筑新塘,前者称南塘,后者称北塘。陆游有诗《复湖》,"行歌曳杖到新塘",就是北塘。白小:即银鱼。似脍残而小,古谓之白小,后人称面条鱼。唐杜甫《白小》诗云:"白小群分命,天然二寸鱼。"即指此鱼。
② 曲:酒母。繁体字写作"麴"。鱼船:渔船。

【译文】

南湖的银鱼小到以斗论价,
北湖的鲤鱼都有尺半长。
渔船进港曲船出去,
水气熏得衣服上满是酒香。

蒲椿泉,字载阳。清王培荀《听雨楼随笔》录其《广都竹枝词》四首,前有云:"双流,古广都地,去锦城四十里,风俗已与川南相似。"

255. 盼到城中赶会时①

盼到城中赶会时,先期买得粉和脂②。
匆匆忘却庙前看,今夜何人守石狮?

① 选自清蒲椿泉《广都竹枝词》。原注:"调谑妇女者,官即系之城隍庙石狮足上,谓之守石狮。"
② 先期:最先希望的。

【译文】

    难得进城一趟去赶庙会,
    最先想买的是花粉和胭脂。
    不过还是忘掉了一件事:
    不知道今晚是谁守石狮?

方鼎锐,字子颖,号退斋,江苏仪征人。曾官于浙江温州,因作此篇。

256. 清明扫墓似游湖①

清明扫墓似游湖, 斗酒黄鸡麦饭俱②。
落日画船箫鼓动③,分明一幅上河图④。

① 选自清方鼎锐《温州竹枝词》(同治间刊本)。
② 斗酒黄鸡:即斗酒只鸡。古人吊祭亡友,携鸡酒至墓前为礼,后常用斗酒只鸡作为悼友之词。这里是说清明扫墓的祭品。
③ 画船:即画舫。装饰华丽的游船。箫鼓:演奏音乐。明张岱《陶庵梦忆·越俗扫墓》:"越俗扫墓,男女袨服靓妆,画船箫鼓,如杭州人游湖。"
④ 上河图:全名《清明上河图》。古名画之一。宋张择端作。图描绘宋清明时节的社会生活,笔法纤细,构图精妙。

【译文】

清明扫墓就像去游湖。
酒菜米饭也少不了还有鱼。
夕阳下箫鼓声中坐着船回去,
活像一幅古代的《清明上河图》。

黄慕宪(1833—1890),字霁塘,浙江山阴(今绍兴市)人。曾为吉林将军景朴堂幕,前后达十八年之久。著有《海鸥馆诗存》。

257. 行尽南塘更北塘①

行尽南塘更北塘, 三山西去是壶觞②。
自从勾践投醪后③,湖水于今带酒香。

① 选自清黄慕宪《鉴湖竹枝词》。行尽:走遍。南塘、北塘:注见前一首《南湖白小论斗量》。
② 壶觞(shāng):村名。在绍兴三山西。陆游诗中写作"湖桑"。
③ 投醪(láo):河名。尹幼莲《绍兴地志述略》第十四章《纪念地及名胜古迹》:"箪醪河,一名投醪河,又名劳师泽。即府学前西河。勾践谋霸,与国人共甘苦。行师之日,有献壶浆者,跪受之,覆浆上流,士卒乘流而饮之。人百其勇,一战遂有吴国。"

【译文】

走遍南塘与北塘,
三山再往西去是壶觞。
自从勾践倒进了酒浆,
湖水至今还闻得到酒香。

258. 水郭烟村路几叉①

水郭烟村路几叉,跨湖桥外放翁家②。
小楼依旧夜听雨,深巷更无人卖花。

① 选自清黄慕宪《鉴湖竹枝词》。水郭烟村：犹水乡。叉：交错。

② 跨湖桥：在山阴县西南五里镜湖上，南通离渚。放翁家：据清悔堂老人在《越中杂识》中说："陆放翁宅，宋宝谟阁待制，渭南伯陆游所居。在府城西九里鉴湖中三山，地名西村。"今人尹幼莲在《绍兴地志述略》中说："快阁，在城西三里，宋陆放翁小楼听雨处。"周作人在《知堂回想录》中引尹幼莲的话后说："据说放翁诗有'小楼一夜听春雨，深巷明朝卖杏花'之句，即是在这里写的。快阁在常禧门外跨湖桥边，俗称偏门外，正是鉴湖的胜处，近处有'杏卖桥'，也是用这典故的。但是那七言律诗的题目，却是《临安春雨初霁》，乃是淳熙十三年(1186)丙午初春在杭州所作，与快阁没有什么关系的。"

【译文】

偏门外的西村有几条路好走，
跨湖桥边就是陆放翁的家。
小楼依旧可以听雨声，
深巷哪里找得到卖花人。

刘继增,字梁渔、长高,号石香,又称寄沤,无锡(今属江苏)人。

259. 侬家生小二泉东①

侬家生小二泉东,屋后香塍五里通②。
镇日看山看不厌,云烟变幻画难工③。

① 选自清刘继增《惠山竹枝词》。原注:"出西郭至惠山,曰五里香塍。"二泉:即惠山泉。在江苏无锡惠山第一峰白石坞下。有上中下三池,下池在漪澜堂前,中池形方味涩,上池形圆味甘,泉中含铅锡质甚多,以钱投之,能旋转久而不下。唐陆羽以此为第二泉,元赵子昂榜曰天下第二泉。上池中池之上有泉亭,宋高宗时所筑,今已重建。附近居民,今多以泉酿酒,称惠泉酒,颇清冽。
② 五里:即惠山街,民谚云:"惠山街,五里长。踏花归,蹂底香。"又有诗云:"一枝杨柳隔枝桃,红绿相映五里遥。"
③ 工:擅长。

【译文】
　　我从小住在二泉东边,
　　屋后就与那条惠山香街通。
　　镇日看山看不够,
　　云烟变幻连图画也难工。

260. 乘兴登高不容扶①

乘兴登高不容扶, 半空铃语听浮屠②。
锡山更比龙山近③,石浪庵前望太湖④。

① 选自刘继增《惠山竹枝词》。乘兴:乘着一时之兴。

② 铃语:铃声。铜铃挂在塔上,风吹来,丁当作响,据说是为赶鸟雀用的。浮屠:塔。梵语音译应为"窣堵波"。此指龙光塔。见注④"石浪庵"条。

③ 锡山:山名。在江苏无锡市西。周秦间,产铅锡,故名。汉初锡绝,因以无锡名县。

④ 石浪庵:在锡山腰。锡山顶有龙光塔和龙光寺,山底建有龙光洞,山腰有晴云亭、观涧亭、石浪庵、百花坞等。

【译文】

趁着兴致爬山不用人搀扶,
铃声来自半空中的浮屠。
锡山路比龙山近,
石浪庵前可以望得见太湖。

黄遵宪(1848—1905),字公度,广东嘉应(今梅州市)人。穆宗同治十二年举人,曾充驻日使馆参赞,新加坡、旧金山总领事等。官至湖南按察使,参与戊戌湖南新政,几因此获祸。遵宪工诗,多为生活之写照。著有《人境庐诗草》、《日本杂事诗》等。

261. 人人要结后生缘①

人人要结后生缘,侬只今生结目前。
一十二时不离别②,郎行郎坐总随肩③。

① 选自清黄遵宪《山歌》(《黄公度先生诗笺》)。结缘:佛教语。谓与佛菩萨结下缘分,作为将来得度的因缘。也指与人交结的机缘。
② 一十二时:子丑寅卯辰巳午未申酉戌亥,叫地支或十二支,也叫岁阴、十二辰。
③ 随肩:追随在身边。肩,肩膀。

【译文】

别人都要为来生结姻缘,
我只想今生今世结目前。
十二时辰不分离,
郎行郎坐总是在身边。

262. 自剪青丝打着条①

自剪青丝打着条,亲手送郎打纸包。
如果郎心止不住,看侬结发不开交②。

① 选自清黄遵宪《山歌》(《黄公度先生诗笺》)。青丝:喻黑发。唐李白《将进酒》:"君不见高堂明镜悲白发,朝如青丝暮成雪。"打着条:编成辫了。

② 不开交:拆不开。

【译文】

我剪下乌黑的头发编成辫子,
用纸包了亲手交到郎手里。
要是郎心发生了动摇,
就看我的头发怎样纠结在一起。

马宝瑛,字云台,浙江山阴人(今绍兴市)。同治九年举人,有《马氏诗存》。

263. 波光八百鉴平铺①

波光八百鉴平铺, 一棹轻移入画图。
秘监不知何处去②?游人还说贺家湖③。

① 选自清马宝瑛《鉴湖棹歌》(《马氏诗存》)。
② 秘监:即贺知章,因其曾任正银青光禄大夫兼正授秘书监。
③ 贺家湖:尹幼莲《绍兴地志述略》:"镜湖:在城南三里。亦名鉴湖。沿湖风景极佳。昔轩辕氏铸镜湖边,因得名。或曰黄帝获宝镜于此,故名。或又曰王逸少语,山阴路上行,如在镜中游,是名镜湖。又名长湖。又名大湖。至唐元宗赐贺知章鉴湖一曲,又名贺监湖。"

【译文】

八百里宽的镜湖微波粼粼,
一条小船飘进了画图。
秘监不知道何处去?
游人还在说这是贺家湖。

264. 王氏兰亭碧藓凝①

王氏兰亭碧藓凝, 陆家快阁几人凭②?
何如打桨南湖去③,二月烧香上禹陵。

① 选自清马宝瑛《鉴湖棹歌》(《马氏诗存》)。兰亭:亭名。尹幼莲《绍兴地志述略》:"在城西南二十七里。晋王羲之与同志孙绰、谢安及其子献之等四

十二人修禊于此。《水经注》,湖南有天柱山,湖口有亭,号曰兰亭。盖其初亭在水中。晋司空何无忌始起亭干山椒,极高尽眺矣。按秦法,十里一亭,亭者犹今之里也。后人遂以兰亭若为右军之亭榭者,然非其本矣。惟右军之兰亭帖,今人尚珍重不已。盖亭以文传耳。清乾隆帝曾游驾于此。"藓(xiǎn):隐花植物的一类,无根。生于阴暗潮湿之地。凝:形成。整句是说:王氏兰亭长满了绿苔。表示荒凉。

② 快阁:尹幼莲《绍兴地志述略》:"快阁:在城西南三里。宋陆放翁小楼听雨处(一考陆放翁宅地名西村)。"

③ 南湖:注见前第254首。

【译文】

王羲之的兰亭布满了苔藓,
陆放翁的快阁少有人登临。
不如雇一条小船向南湖划去,
二月里禹庙烧香还正是时令。

265. 入剡名山罨四围①

入剡名山罨四围,绕堤杨柳绿依依。
朝来飞絮推篷背,疑是山阴访戴归②。

① 选自清马宝瑛《鉴湖棹歌》(《马氏诗存》)。剡(shàn):县名。宋改名嵊县,今为嵊州市。故城在今浙江嵊州市西南。罨(yǎn):覆盖。宋苏轼《猪肉颂》:"净洗铛,少着水,柴头罨烟焰不起。"

② 访戴:雪夜访戴,注见前第92首"王猷"。

【译文】

剡中的名山罗列四周,
溪边的杨柳依依不舍。
洁白的柳絮落在船篷上面,
有如子猷雪夜访戴刚刚归来。

易顺鼎(1858—1920),字实甫,又字中实,自署忏绮斋,又自号眉伽,晚号哭庵,湖南龙阳(今汉寿县)人。易佩绅之子。幼有神童之目;稍长,有才子之称。工诗,与宁乡程颂万、湘乡曾广钧称"湖南三诗人"。光绪元年举人。是年冬,北上应礼部试,取道江南,骑驴冒雪入南京城,遍访六朝及前明遗迹,一日成《金陵杂感》七律二十首。顺鼎于学无所不窥,为考据,为经济,为骈体文,为诗词,生平诗近万首,与樊增祥称两雄。生平足迹及十数行省,一地为一集,有《出都诗录》、《吴船诗录》、《庐山诗录》、《琴志楼诗集》等。

266. 无义滩高自可愁①

无义滩高自可愁, 峡州几日上归州②。
三朝三暮黄陵道③,不听猿声亦白头。

① 选自清易顺鼎《三峡竹枝词九首》(《琴志楼诗集》卷五)。无义滩:沙滩名,具体不详。
② 峡州:注见前第99首。归州:唐置。治秭归县。清属湖北宜昌府。
③ 黄陵:山名。在湖南湘阴县北,滨洞庭湖。一名湘山,湘水由此入湖。传说舜二妃墓在其上。有黄陵亭、黄陵庙。

【译文】

高高的无义滩望而生畏,
从峡州几天才能到归州。
三昼夜黄陵庙的长途航行,
不听猿声也愁白了头。

267. 香溪人去几时归①

香溪人去几时归,万里龙沙雪打回②。
溪上老翁愁欲绝,女儿生得似明妃。

① 选自清易顺鼎《三峡竹枝词九首》(《琴志楼诗集》卷五)。香溪人:即王昭君。香溪有二源:西源曰白沙河,出湖北兴山县西北老君山,东南流曰当阳河、三堆河。东源曰深渡水,出兴山县北凤凰井,西南流曰马家河,至县治西南,二源俱合。南流至秭归县东北注于江。其入江处谓之香溪口,一名昭君溪。

② 龙沙:地区名。古时指我国西部、西北部边远山地和沙漠地区。打回:亦即"打围",圈,团团围住。

老翁不为明妃着想,却担心自己的女儿长得太美,会落得跟明妃一样的下场。所以不写明妃还是在写明妃。这样的构思在同类诗歌中是少有的。

【译文】

昭君离乡不知道哪天才回来?
万里之外四周被雪重重包围。
村里老人担心的另有所在:
只因女儿生得跟明妃一样美。

丘逢甲(1864—1912),又名秉渊,号沧海,生于台湾苗栗县,祖籍广东镇平县。聪明早慧,九岁即能作诗,十四岁中秀才,二十六岁中进士,授工部主事。不乐于仕途,后在广东、台湾从事教育,创办新式学堂。他是清末颇有影响的爱国志士和诗人,曾上书清廷,坚决反对割让台湾,亲自组织和率领台湾义军守土抗日。支持维新变法,秘密参加同盟会,辛亥革命后曾在南京临时政府任参议员。其诗多感慨时事,直抒抗敌卫国之情,风格悲壮苍凉。著有《岭云海日楼诗抄》、《柏庄诗草》等。今人辑为《丘逢甲集》。

268. 唐山流寓话巢痕①

唐山流寓话巢痕, 潮惠漳泉齿最繁②。
二百年来蕃衍后③,寄生小草已深根④。

① 选自清丘逢甲《台湾竹枝词》(《丘逢甲诗选》)。唐山:唐代以后华侨、华裔对祖国的习惯称呼。巢痕:犹言寻根问祖。

② 潮惠漳泉:四个地名。即广东省潮州、惠州,福建省漳州、泉州。齿:犹人数。

③ 二百年:指17世纪初,闽、粤一带人民成批到台湾开发,已有二百年历史。蕃衍(fányǎn):兴盛繁殖。同"繁衍"。《新唐书·吴武陵传》遗吴元济书:"支族繁衍,因缘磨灭,先魂伤惙,不可谓孝。"

④ 寄生:依附于他物而生长的生物。

【译文】

说到侨民们的祖籍故乡,
大多来自潮惠漳泉四个地方。
经过二百多年的生养繁殖,
寄生的小草也已经扎根壮大。

269. 宰相有权能割地①

宰相有权能割地，孤臣无力可回天②。
扁舟去作鸱夷子③，回首河山意黯然④。

① 选自清丘逢甲《台湾竹枝词》(《丘逢甲诗选》)。割地：指李鸿章主持签订对日《马关条约》，内有割让台湾等条文。李鸿章(1823—1901)，清末洋务派和淮军首领。字少荃，安徽合肥人。道光进士。1853年(咸丰三年)在籍办团练抵抗太平军。1858年入曾国藩幕。1865年署两江总督，次年继曾国藩任钦差大臣，节制各军镇压捻军。1870年继曾国藩任直隶总督，兼北洋大臣，掌管清廷外交、军事、经济大权。1885年中法战争中，乘胜求和，与法国订立《中法新约》。中日甲午战争中，避战求和，招致战争失败和北洋海军覆没，赴日本签订《马关条约》。
② 孤臣：孤立无援之臣。回天：喻权势大。
③ 鸱(chī)夷子：即范蠡。春秋时曾辅助越王勾践打败吴国，被封为"上将军"，功成后乘船渡海而去，改名换姓，自称"鸱夷子皮"。
④ 黯然(àn rán)：阴暗的样子。

这首诗是作者被迫离台时所作，表达了满腔的爱国热忱和对清朝政府腐朽无能、丧权辱国的愤慨。

【译文】

宰相有权把土地割让出去，
做臣子的却无回天之力。
正像范蠡泛五湖而去，
回望河山不得不黯然哭泣。

吴子丹,湖北利川人。

270. 嫣红姹紫绕山家①

嫣红姹紫绕山家,麂眼篱笆故故斜②。
流水一溪门半掩,悄无人处有桃花。

① 选自清吴子丹《利川竹枝词》(清同治增修《施南府志》卷二八)。嫣红姹紫(yān hóng chà zǐ):即"姹紫嫣红"。指花色娇艳。明汤显祖《牡丹亭·惊梦》:"原来姹紫嫣红开遍,似这般都付与断井颓垣,良辰美景奈何天,赏心乐事谁家院?"

② 麂(jǐ)眼:竹篱。麂之眼为斜方形,篱笆的菱形方格似之,故名。故故:屡屡,常常。

【译文】

　　山里人家的周围五彩缤纷,
　　菜园边有一道麂眼的篱笆。
　　半掩着的大门面向溪流,
　　寂静无人开着红艳艳的桃花。

徐涵,字雪鸿,浙江嘉善人。曾作《平川棹歌》,为"邑后学蔡文镛韶声校订"。

271. 籪头紫蟹胜分湖①

籪头紫蟹胜分湖②, 旋擘新姜把酒酤。
一度暗潮霜后至③, 街头唤卖四鳃鲈④。

① 选自清徐涵《平川棹歌》。"湖上万重光"注:"按分湖在里之西北十余里,产蟹独绝。四鳃鲈,松江之美味也。里中与松江一水相通,故渔人时有网得者。"籪(duàn):渔具名。编竹为栅,置水中以截断鱼之去路而捕取之者。分湖:即汾湖,在嘉善县与江苏省交界处,是太湖流域中一个较大的湖泊,与上海的淀山湖有姐妹湖之称。湖中产蟹很有名。
② 紫蟹:蟹身发紫,证明蟹已成熟。
③ 暗潮:俗称"暗涨潮",即潜伏的潮流。明张岱《陶庵梦忆·白洋潮》:"故事。三江看潮,实无潮看。午后喧传曰:'今年暗涨潮。'"
④ 四鳃(sāi)鲈:鱼名。似鳜而色白,有黑点,巨口细鳞,有四鳃。也叫松江鲈鱼。

【译文】

籪头的紫蟹要比分湖的好,
姜醋蘸蘸是下酒的佳肴。
等到霜降一过暗潮到来,
卖四鳃鲈的人就在街上叫。

272. 冬来喜见稻登场①

冬来喜见稻登场,私债官租取次偿②。
侬似钱家浜里鸟,捉鱼几见有鱼尝③。

① 选自清徐涵《平川棹歌》。"湖上万重光"注:"按钱家浜即俗呼'放乌钱家浜',在里之西北数里,多渔人所蓄捕鱼鸟曰鸬鹚,又曰乌鬼,一头之值贵至五六金或十余金。"浜:小河。

② 取次:任意、随便。引申为充裕、宽舒。

③ 这一句是拿鸬鹚作比方,劳动有分,享受无分。渔人在"打鸬鹚"之前,先用一根箬壳丝将鸬鹚的项颈缚住,使它叼得到鱼却无法吞下肚子去。

【译文】

今冬丰产是件高兴的事,
私债官租都不欠分文。
我就像钱家浜里的鸬鹚,
捉鱼有份吃鱼没份。

胡保泰,字东山,浙江山阴(今绍兴市)人。

273. 梅园十里路横斜①

梅园十里路横斜,香雪迷离白似沙②。
为爱枝头多结子,劝郎莫拗未开花③。

① 选自清胡保泰《鉴湖棹歌一百首和秀水朱竹垞太史〈鸳鸯湖棹歌〉原韵》。原注:"梅园在兰亭深处,袤延十里,尽种白梅,春初花放,瑶蕊琼姿,漫迷村坞,不异香雪海。"

② 香雪:指花。唐韩偓《和吴子华侍郎令狐昭化舍人叹白菊衰谢之绝次用本韵》:"正怜香雪披(一作飞)千片,忽讶残霞覆一丛。"迷离:模糊。香雪迷离,形容梅花多。

③ 拗(ǎo):折。

【译文】

跑进广袤十里的梅园,
烂熳的梅花白得像沙。
为了让它多结些梅子,
劝郎别拗那未开的花。

274. 玉版黄花出破塘①

玉版黄花出破塘,紫洪兰雪斗茶香。
正当谷雨清明候,侬道山乡胜水乡。

① 选自清胡保泰《鉴湖棹歌一百首和秀水朱竹垞太史〈鸳鸯湖棹歌〉原韵》。原注:"破塘毛笋号黄花头者最佳,紫洪兰雪茶摘自清明前者不易构。"玉版:竹笋的别名。宋陈达叟《木心斋疏食谱》:"玉版,笋也,可羹可菹。"破塘:地名。在浙江绍兴市城南约三十里处,以产毛竹、毛笋闻名。明张岱《陶庵梦忆·天镜园》:"每岁春老,破塘笋必道此轻舠飞出。牙人择顶大笋一株掷水面,呼园人曰:'捞笋',鼓枻飞去。园丁划小舟拾之,形如象牙,白如雪,嫩如花藕,甜如蔗霜。煮食之无可名言,但有惭愧。"

【译文】
　　毛笋叫黄花头的出在破塘,
　　明前的紫洪兰雪茶特别清香。
　　从谷雨到清明这段时间里,
　　住在水乡不如住在山乡。

柯兰锜,字啸山,浙江嘉善人。著有《斜塘竹枝词》百首,为"邑后学蔡文镛韶声校订"。

275. 百橼堂外过人稀①

百橼堂外过人稀, 一鉴轩前燕子飞。
更有白花香可爱②,竹枪篱外野蔷薇③。

① 选自柯兰锜《斜塘竹枝词》。原注:"百橼堂在大同圩,明周汝钦寅读书处,多香橼树。汝钦少师事周伯器,居乡敦行谊,尝有盗其桔槔者,已而复还,曰:'吾有愧于周君。'著有《百橼堂稿》,见《浙江志》。一鉴轩在南栅陆家坞,明陆中丞所著,有岁有堂、一簣斋、吾往亭……诸胜,又有东林八景。中丞字秀卿,嘉靖丙戌进士,官至巡抚都御史,著有《簣斋集》十二卷,采入《四库全书》附存目录。"
② 白花:即野蔷薇。注见前第143首题注。
③ 竹枪篱:用竹子编的篱笆,俗称"枪篱笆"。

【译文】

百橼堂外面行人少,
一鉴轩前头燕子飞。
更有白花特别香,
竹篱笆上野蔷薇。

276. 迎帆小阁水中央①

迎帆小阁水中央, 挂起疏帘好纳凉。
隔岸萧萧芦叶响②,风来一阵芰荷香③。

① 选自柯兰锜《斜塘竹枝词》。原注:"迎帆阁在文水漾中,北对南塘桥。"
② 萧萧:象声词。风声。汉司马迁《史记·刺客列传》:"风萧萧兮易水寒,壮士一去兮不复还。"(荆轲《易水歌》)
③ 芰荷:菱与荷。两角者为菱,四角者为芰。

【译文】

迎帆阁建筑在水中央,
挂起稀疏的帘子好乘凉。
对岸萧萧芦荻声,
风中飘来芰荷香。

史载熙,清代人。

277. 岭上家家掘地瓜①

岭上家家掘地瓜,岭边桂树正开花。
儿童不识如盘饼,向母牵衣问月华②。

① 选自清史载熙《九和十二月竹枝词》(《覆瓿诗抄》卷四)。原注:"中秋月饼如盘大,彩画五色。"地瓜:通称"番薯"。

② 月华:有两种解释:一,月光,月亮;二,月亮周围的光环,常见于农历八月十三至十八夜,因其光彩华美而名。民间还有一种传说:"相信月中有娑婆树,中秋夜有一枝落下人间,此亦似即所谓月华,但不幸如落在人身上,必成奇疾,或头大如斗,必须斫开,乃能取出宝物。"(周作人《药堂语录·中秋的月亮》)

【译文】

岭上的人家家忙于掘地瓜,
岭边的桂花树正开着花。
小孩子不曾见过这么大月饼,
拉着母亲问什么叫月华?

278. 风雨连宵透竹帘①

风雨连宵透竹帘, 万家烟火迓茅檐②。
芭蕉果与槟榔芋③,担向街头换米盐。

① 选自清史载熙《九和十二月竹枝词》(《覆瓿诗抄》卷四)。原注:"九月槟榔芋最为甘美。"
② 沍(hù):冻结。同"冱"。《庄子·齐物论》:"大泽焚而不能热,河汉沍而不能寒。"
③ 芭蕉:注见前第163首。槟榔:木名。果椭圆,橙红色,可入药。槟榔芋,芋头的一种,形似槟榔。

【译文】

  多日下雨水气积聚在窗帘,
  家家的茅檐下弥漫着炊烟。
  芭蕉果与槟榔芋,
  挑到街上换米盐。

陶月山,字文杉,篁村之祖,会稽(今浙江绍兴)人。著有《金台》、《锦城》、《摩云》等集。

279. 钱塘太守醉西湖①

钱塘太守醉西湖,堤上花枝也姓苏。
郎是东风侬是草,将春吹绿到蘼芜②。

① 选自清陶月山《西湖竹枝词二十首》。钱塘太守:似指苏轼。苏轼为开发西湖出过力,譬如筑长堤人称苏堤,故下面说"堤上花枝也姓苏"。堤,苏堤。
② 春:春色。蘼芜(mí wú):香草名。《本草纲目·草三》:"蘼芜,一作蘪芜,其茎叶靡弱而繁芜,故以名之。当归名蕲,白芷名蒚。其叶似当归,其香似白芷,故有蕲茝、江蓠之名。"

【译文】

  钱塘太守为西湖的美景所陶醉,
  堤上的花花草草哪样不姓苏?
  郎是东风我是草,
  将春一直吹绿到蘼芜。

280. 十景塘边是妾家①

十景塘边是妾家,小楼斜对木兰花②。
西邻阿妹声相似,莫误敲门去吃茶。

① 选自清陶月山《西湖竹枝词二十首》。十景塘:即白堤。一作十锦塘。

明张岱《西湖梦寻·十锦塘》:"十锦塘一名孙堤,在断桥下,司礼太监孙隆,于万历十七年修筑。"

② 木兰:木名。又名杜兰、林兰。状如楠树,质似柏而微疏,可造船,谓之木兰舟。皮辛香似桂,厚者似厚朴。叶大。晚春先叶开花。

【译文】

十景塘边是我的家,
小楼斜对着木兰花。
隔壁的阿妹跟我的声音相似,
你别敲错门到她那儿去喝茶。

佚名,清代人。

281. 唯有黎民最可怜①

唯有黎民最可怜,井边池畔把身捐②。
尸骨堆积如山阜,铁石人看亦泪涟③。

① 选自清佚名《湖北竹枝词四十首》二三(《旅游漫草·附录》)。黎民:民众,百姓。《诗·大雅·云汉》:"周有黎民,靡有孑遗。"古代指禄而有土、仕而有爵者为百姓,称黎民为黎。黎训齐训众,至《汉书》七二《鲍宣传》孟康《注》始云黎民为黔首。
② 井边池畔:意谓随便什么地方。捐:捐生,捐命。即舍弃生命。
③ 泪涟(lián):眼泪流不断的样子。

【译文】

只有老百姓最可怜,
井边池畔都可以把命丧。
尸骨堆得像山一样高,
铁石心肠见了也心伤。

282. 犹嘉贼令甚严明①

犹嘉贼令甚严明,百姓相逢尚不惊。
惟有人人都蹙额②,全无节制是官兵③。

① 选自清佚名《湖北竹枝词四十首》二七(《旅游漫草·附录》)。嘉:赞

美,表彰。贼:对太平军的诬称。严明:严肃而公正。

② 蹙额(cù é):眉头紧皱。忧愁貌。《孟子·梁惠王下》:"百姓闻王钟鼓之声,管籥之音,举疾首蹙额而相告。"

③ 节制:节俭克制。

【译文】

　　好在太平军的军令很严明,
　　老百姓遇到了也还不大吃惊。
　　人人感到忧虑的,
　　还是那些毫无节制的官兵。

283. 岂无一二效纯臣①

岂无一二效纯臣,　洁己为官爱众民。

无奈上僚看不起②,趋承不事是庸人③。

① 选自清佚名《湖北竹枝词四十首》三七(《旅游漫草·附录》)。纯臣:忠纯笃实之臣。

② 上僚:上级的官僚。

③ 庸人:平凡的人。

【译文】

　　难道没有忠君爱国的臣子,
　　他们洁己奉公热爱人民。
　　可惜这样的人上级看不起,
　　以为不会奉承拍马就是庸人。

佚名,清代人。

284. 白薯传来自远番①

白薯传来自远番,无虞凶旱遍中原②。
应知味美唯锅底,饱啖残余未算冤。

① 选自清佚名《咏北京食物》。原注:"北京之煮白薯,售期极长。且他物率多以新熟者为上,独此物以残余为美。因煮时过久,所谓锅底者,其甜如蜜,其烂如泥,食者特别欢迎,不以剩货为忤。"白薯:又称甘薯或番薯。徐光启《农政全书》:"薯有二种,其一名'山薯',闽广故有之;其一名'番薯',则土人传云,近年有人在海外得此种,海外人亦禁不令出境,此人取薯藤入汲水绳中,遂得渡海,因此分种移植,略通闽广之境也。"此海外据《闽书》谓:"万历中闽人得之吕宋国。"其实,中国之有甘薯,早在晋嵇含的《南方草木状》中已有记载:"甘薯盖薯蓣之类,或曰芋之类,实如拳,有大于瓯者,皮紫而肉白,蒸鬻食之,味如薯蓣,旧珠崖之地海中之人皆不业耕稼,惟掘种甘薯。秋熟收之,蒸晒切如米,仓囷贮之,以充粮糗,是名薯粮。"大概闽地的番薯来自吕宋,是在明代。远番:遥远的外国。

② 无虞:不怕。虞,忧虑,戒备。《诗·鲁颂·閟宫》:"无贰无虞,上帝临女。"

杭州每到夏天有人煮老南瓜番薯出售(老南瓜在上,削皮的番薯在下)。快到镬底时番薯就特别酥甜,称为"镬底番薯",不仅味美,价格也特别便宜,因为是"倒担货"。

【译文】

番薯的老家据说在吕宋,
来到中国把子孙繁衍。
镬底番薯酥又甜,
不知道你也有过这经验?

285. 辣菜何人始发明①

辣菜何人始发明，白云片片碗中生。
沁凉最是能除热②，况复辛芳味独清③。

① 选自清佚名《咏北京食物》。原注："辣菜为芥头所制，切成薄片，佐以萝卜丝。加热，严封，数日即得。辣中有清香味，冬季最佳之食品也。"关于辣菜，李于璜在《汴宋竹枝词》中也写到过，说是在宋代就有。诗云："小店盘飧侑客觞，无边风月醉河阳。姜虾酒蟹西京笋，未抵缸中辣菜香。"
② 沁(qìn)凉：渗入或透出凉意。
③ 清：清口。

【译文】

芥头辣菜不知道是谁发明，
就像一片片白云在碗中升腾。
凉气一到热意就消失，
还有那辛芳的美味更无须说。

佚名,清代人。

286. 水陆交驰应试来①

水陆交驰应试来②,桥头门外索钱财。
乡谈一怒人难懂③,被套衣包已割开。

① 选自清佚名《都门竹枝词》。《都门竹枝词》八十首,分街市、服用、时尚、京官、候选、考试、教馆和观剧八个部分。
② 交驰:交相奔走,纷至沓来。水陆交驰,即又是坐船,又是乘车,而且不止一次这样做。
③ 乡谈:犹乡音,故乡土音。唐贺知章《回乡偶书二首》之一:"少小离家老大回,乡音无改鬓毛衰。"
小偷往往向外地人下手,欺其人地两不熟悉。

【译文】
　　　　水陆交驰来到京师赶考,
　　　　桥头门外哪儿都得把钱花。
　　　　被套、衣包被割开,
　　　　只因为几句乡音露出了马脚。

287. 谋得馆时盼馆开①

谋得馆时盼馆开,未周一月已搬回②。
通称本是教书匠,随便都能雇得来。

① 选自清佚名《都门竹枝词》。馆:学馆,私家授徒的地方,即私塾。
② 周:终,到底。

【译文】

　　找到了馆职盼望早点开馆,
　　不到一个月就又搬了回来。
　　所谓老师只是教书匠,
　　随便到哪儿都雇得来。

青毡生,清代人。曾作《随口曲》七绝十四首、《蒙师叹》七律十四首。生平不详。

288. 一岁脩金十二千①

一岁脩金十二千,节仪在内订从前②,
适来有件开心事,代笔叨光夹百钱③。

① 选自清青毡生《随口曲》(《捧腹集》)。脩金:犹工资。十二千:即"十二贯",每贯为铜钱一千枚。
② 节仪:节日赠送的礼物。
③ 代笔:代人写作。叨光:犹占光。常用作客套话。原注:"市语以二百为夹百。"所谓夹百,即二百枚铜钱。

【译文】
>一年的工资十二千,
>节礼在内不再外添。
>刚才有件开心事,
>代人书写又得了夹百钱。

289. 最难得是口头肥①

最难得是口头肥, 青菜千张又粉皮②,
闻说明朝将屝溇③,可能晚膳有鲂鱼④。

① 选自清青毡生《随口曲》(《捧腹集》)。口头肥:即俗语所谓"嘴巴吃得

油罗罗"。亦犹口福。

② 千张:豆制品。粉皮:用绿豆、白薯等的淀粉制成的片状的食品。

③ 戽溇(hù lóu):车干池塘捉鱼。俗称车池塘。溇,池塘。

④ 鲂鮍(páng pí):"鲂魾"。鱼,比鲫鱼小。眼有彩色光泽,背面淡绿色,略带蓝色的闪光,面银白色。生活在淡水中,吃水生植物,卵产在蚌壳里。

鲂鮍俗称红眼鲂鮍,因其体小肉薄,一般多不食用。这里这么说,含有幽默讽刺的意味。

【译文】

最难得的是口头肥,
青菜千张还有粉皮,
听说明天要戽溇,
可能晚餐有鲂鮍。

宋梦良,浙江余姚人。

290. 过节春分卖海螺①

过节春分卖海螺,吃须留壳嘱诸儿,
家家积待清明日,撒屋都乘未曙时。

① 选自清宋梦良《余姚竹枝词》。原注:"清明日撒螺壳于屋上,相传毛辣虫遇此即化为泥云。"

毛辣虫又叫瓦蛆,生长在屋瓦上,梅雨季节是它的繁殖期。萧山也有抛螺蛳壳的习俗,不过意在对付瓦蛆,却还未曾听说过,真可谓是开卷有益。

【译文】

春分时节卖海螺,
吃罢海螺壳还得留一留,
放到四月清明节,
天未亮时就往屋上丢。

291. 直把南瓜号饭瓜①

直把南瓜号饭瓜,分栽庭隙杂桑麻,
檐前搭架支藤叶,巧当凉棚赖遍遮。

① 选自清宋梦良《余姚竹枝词》。原注:"东乡人呼南瓜曰饭瓜,以其堪当饭也。"直:径直。

富阳人把南瓜叫番瓜。《牧野日本植物图鉴》,瓢形的称"kabocya"(据说因来自柬埔寨)。可知原产地之一大概是在印度支那半岛。

【译文】

　　东乡的人们把南瓜叫作饭瓜,
　　与它种在一起的还有桑树和苎麻。
　　屋面前搭个棚任其蔓延,
　　权当是个凉棚好把烈日遮一遮。

292. 嫁妆充牣溢门阑①

嫁妆充牣溢门阑,邻里争看尽赞叹。
莫论新娘贤与否,只凭奁具博姑欢②。

　　① 选自清宋梦良《余姚竹枝词》。嫁妆:陪嫁的财物。明丘濬《五伦全备忠孝记·央媒议亲》:"男家财礼,女家嫁妆,四时遣使,八节来往。"也作"嫁装"。充牣(rèn):充满。同"充仞"。牣,满、塞。门阑:门框。
　　② 奁(lián):古代妇女梳妆用的匣。这里作嫁妆解释。姑:丈夫的母亲。俗称婆婆。

【译文】

　　嫁妆把整间屋子塞满,
　　邻居们见了谁不赞叹。
　　不管新娘子贤惠与否,
　　婆婆见了心里就喜欢。

293. 竹篱茅舍几人家①

竹篱茅舍几人家,草护篷窗当碧纱②。
莫道乡村无好景,春深篱槿亦开花③。

① 选自清宋梦良《余姚竹枝词》。
② 碧纱：青绿色的纱布。清夏仁虎《北京琐记》："京师屋制之美备，甲于四方……夏日，窗以绿色冷布糊之，内施以卷窗，昼卷而夜垂，以通空气。"
③ 篱槿(jǐn)：即槿篱，以槿树作为篱笆。槿，木名，注见前第108首"木槿"。

【译文】

几户竹篱茅舍的人家，
青草遮窗就像配上了碧纱。
别以为农村里没有好景致，
到春深槿篱上开出碗碗花。

张云锦,字龙威,号铁珊,又号艺舫,浙江平湖人。清监生。有《兰玉堂诗集》十二卷、《续集》十一卷。

294. 着意寻春候好风①

着意寻春候好风, 清和天气爱江东②。
破塘毛笋尖尖出③,项里杨梅渐渐红④。

① 选自清张云锦《山阴竹枝词》。着意:注意,用心。风:风候,气候。
② 江东:钱塘江以东的地方。也即"浙东"。
③ 破塘:注见前第274首。
④ 项里杨梅:柯桥项里产杨梅,极有名。宋陆游曾在诗中多次提及,如《项里观杨梅》云:"山前五月杨梅市,溪上千年项羽祠。"

【译文】

特地出游得挑个好日子,
惠风和畅我最爱去浙东。
破塘的毛笋甜如蜜,
项里的杨梅红彤彤。

陈祖昭,字子宣,江苏吴县(今苏州市)人。光绪年间,权绍兴县尉,著《西湖棹歌》、《鉴湖棹歌》各百首。

295. 浣纱石上浣轻纱①

浣纱石上浣轻纱, 罗袖飘摇半面遮。
休被才郎作佳话②,道侬如雪又如花。

① 选自清陈祖昭《鉴湖棹歌》。原注:"城东南二十五里若耶溪旁浣纱石在焉。"浣(huàn):洗涤。
② 才郎:犹"才子"。有才有貌的人。佳话:传诵一时的美谈。

【译文】

我蹲在岸边的石上漂纱,
将衣袖往脸上一遮。
不能让才郎见了说闲话,
说我白得像雪美得像花。

296. 天池十尺改庭阶①

天池十尺改庭阶, 屡易居人古迹埋②。
妙墨流传争宝贵③,青藤无复旧书斋④。

① 选自清陈祖昭《鉴湖棹歌》。天池:原注:"府城观巷徐渭宅天池,康熙间填塞,见《平午村笔记》。"清悔堂老人《越中杂识·古迹》:"青藤书屋,在府城中观巷,明徐渭故居也。青藤是渭手植,今尚存。藤下一池横小平桥,桥承以

柱,题曰:'砥柱中流。'……书屋今为金氏书舍(门侧碑刻徐文长先生故里)。"

② 屡易居人:多次变换主人。

③ 妙墨:犹墨宝,多指字画。

④ 青藤:即徐渭。徐渭别号天池生,晚年号青藤道人。

古迹只当古迹看,不能过于认真。我曾在一篇《乌篷摇摇入越中》的小文中说过:"我独坐在古藤阴覆下的石凳上,看看周遭虽然狭小却很幽雅的院子,觉得徐文长或者真的曾在这里居住过,喜怒哀乐,吟诗作画,度过了他荣辱难忘的一生。房屋本来只是人身的寄托,与思想之来自头脑不同,尽管环境狭小,思想却仍然不妨层出不穷,发扬光大。我认为名人的故居应该保存,但未必定要求大求新,能留下多少就留下多少,能保持多久就保持多久。"

【译文】

小小的庭院屡经改建,

多次易主故迹都已埋没。

墨宝流传身价百倍,

真的青藤书屋已不复存在。

钱梦峰,清代人。著有《越中新年竹枝词》百首。据山阴胡奎龄附记,此书系从冷摊上购得。附记末了说:"近从冷摊《越中竹枝词》若干首,志和音雅,绘影绘声,有老于越而未能尽知者,其穷求旁揽,苦心可嘉也,安得以游嬉之作而忽诸录成,因为识。时光绪十三年岁次丁亥冬十二月上浣之吉。山阴胡奎龄抄录。"

297. 文戏丝弦最动情①

文戏丝弦最动情,武场锣鼓亦堪惊。
台前个个长伸颈,欢笑声兼谩骂声。

① 选自清钱梦峰《越中新年竹枝词》。文戏:与"武戏"相对待,即不动打场的戏。越剧大多数演的是文戏,绍剧则偏重于武戏,如《三打白骨精》就是武戏。丝弦:指弦乐器。俗称"丝弦傢生",是戏曲中乐器的代表。通称"丝竹"。

这首诗写村民看庙台戏十分真实。近人胡兰成在《今生今世》中亦有这样一段话:"戏台下站满男看客,只见人头攒动,推来推去像潮水,女眷们则坐在两厢看楼上,众音嘈杂,人丛中觅人唤人,请人客去家里吃点心。看楼上女客便不时有娘舅表兄弟从台下买了甘蔗橘子送上来,她们临栏杆坐着看戏,而台下的男人则也看戏,也看她们。"客人俗称人客。

【译文】
　　文戏的丝弦实在好听,
　　武戏的锣鼓敲得叫人吃惊。
　　台前的看客伸长脖子,
　　欢笑声里夹杂着谩骂声。

298. 偏是村夫识戏文①

偏是村夫识戏文,汉唐故事议纷纷。
学来几句无腔调,夜半归来断续闻。

① 选自清钱梦峰《越中新年竹枝词》。村夫:村民。戏文:俗称戏为戏文。
旧日的村民一般不识字,但能讲出不少历史故事来。这些知识大部分得之于看戏。看不懂时,就由村上有学问的人为之讲解,如鲁迅小说《风波》中的赵七爷就是。民国初年政府禁止演旧戏,老百姓就慨叹说,那么要我们到哪里去知道一点老话呢。翻译出来就是知道一点历史。他们不仅爱看戏,还学着唱,虽然腔调不准,却也得到不少乐趣。走夜路唱戏,据说还有壮胆的意思。

【译文】

偏是那些村民懂得看戏,
对汉唐的故事说个不停。
学了几句三脚猫的腔调,
夜半归来远远可以听到。

石方洛,清代人。

299. 四月村村麦饼香①

四月村村麦饼香,田姑争说裹糖霜②。
明朝郎要入城去,胜抵三餐贮布囊。

① 选自清石方洛《楠溪竹枝词》。原注:"瓯人呼白糖为糖霜。溪民以麦饼代饭,远行贮布袋中。"四月:农历四月为割麦的季节,称为"麦秋"。《礼·月令》孟夏之月:"靡草死,麦秋至。"汉蔡邕《月令章句》:"百谷各以其初生为春,熟为秋,故麦以孟夏为秋。"
② 田姑:农妇。

水稻地区以米饭作为口粮,麦食只是点心。山区则不同,有的多吃杂粮,如麦子、南瓜、番薯、玉米等等。如出远门,也多以麦饼作为干粮。胡适之常对人说,徽州地瘠民贫,州人常到江浙一带谋生活,出门走数百里路,即以麦饼作为糇粮,所以这种饼子乃徽人奋斗求生的光荣标志。若带的是米饭,就装在一个小小的蒲包中,称为饭包。蒲包有小孔,饭不容易变坏。如有人将一粒饭黏在嘴边,旁人见了就说:"怎么?你要出远门,带着饭包?"

【译文】

农村四月麦饼香,
农妇都说像裹了糖一样。
明朝郎要进城去,
抵得上三餐的干粮。

边中宝,清代人。

300. 腰缠万贯上扬州①

腰缠万贯上扬州, 裘马翩翩赛胜游②。
画阁连云声色丽③,昭明谁问著作楼④。

① 选自清边中宝《扬州杂咏》。腰缠万贯:形容非常富有。《说郛》卷四六载《商芸小说》:"有客相从,各言所志:或愿为扬州刺史,或愿多资财,或愿骑鹤上升,其一人曰:'腰缠十万贯,骑鹤上扬州。'欲兼三者。"按,本为《殷芸小说》,宋人避讳改"殷"为"商"。

② 裘马:车马衣裘。《论语·公冶长》:"子路曰:愿车马,衣轻裘,与朋友共,敝之而无憾。"赛:比并,等于。《元曲选·孟汉卿〈魔合罗〉一》:"自家李文道便是,开着个生药铺,人顺口都叫我做赛卢医。"胜游:快意的游览。唐刘禹锡《奉和裴侍中将赴汉南留别座上诸公》诗:"管弦席上留高韵,山水途中入胜游。"

③ 声色:音乐女色。

④ 昭明:通称"昭明太子"。南朝梁武帝(萧衍)长子,名统,字德施。天监元年立为太子,中大通三年卒,三十一岁,谥昭明。好文学,博览群书。曾招集文士刘孝威、庾肩吾等多人编选《文选》三十卷,辑录秦汉以来诗文,世称《昭明文选》,是我国现存最早的诗文总集。

【译文】

带足了金钱到扬州,
锦衣骏马到处去遨游。
歌楼舞榭高入云霄,
有谁还问太子的著作楼?

汪述祖,清代人。

301. 阿母教将针线拈①

阿母教将针线拈,倚窗刺绣指纤纤。
却嫌水气凉侵袖,故放潇湘一幅帘②。

① 选自汪述祖《杂咏集·江干曲》。阿母:即假母。开设妓院的妇女,鸨母。拈(niān):用手指取物。
② 潇湘帘:用潇湘竹编的帘子。通称湘帘。潇湘竹又叫"湘妃竹"。明末余怀《板桥杂记·丽品·卞赛》:"年十八,游吴门,侨居虎丘。湘帘棐几,地无纤尘。"

【译文】

　　　　阿母教我做针线活,
　　　　我坐在窗下学刺绣。
　　　　阵阵凉气袭衣袖,
　　　　放下湘帘遮一遮。

302. 东家嫁女富钱帛①

东家嫁女富钱帛,西家嫁女无宾客。
家家嫁女阿母悲,女作母时方得知②。

① 选自汪述祖《杂咏集·嫁女曲》。钱帛(bó):亦云财帛、玉帛,表示最贵重的东西。帛,丝织物的总称。
② 方:才。

【译文】

东边的富人家嫁女排场大,
西边的穷人家见不到宾客。
家家嫁女最伤心的是娘,
这要到自己做娘才明白。

陆拱斗,浙江平湖人。

303. 桃符春帖换门前①

桃符春帖换门前,爵鹿瓶鞍斗彩鲜②。
炒豆盛盘称漏凑,饭储隔宿到新年。

① 选自陆拱斗《当湖竹枝词》。原注:"除夕易新门神,其义本自桃符,更写宜春诸字饰于门。炒豆名漏凑,撒于室中,祝之厨下,留隔年饭。"桃符:相传东海度朔山有大桃树,其下有神荼、郁垒二神,能食百鬼。故俗于农历元旦,用桃木板画二神于其上,悬于门户,以驱鬼辟邪。五代后蜀始于桃符板上书写联语,其后改书于纸,演为后代的春联。
② 爵鹿瓶鞍:指新年的各种摆设。鹿鞍是指爵瓶上的绘画。

把除夕的冷饭留到正月初一吃,其用意怕也是图个吉利,所谓年年有余。按照萧山的习俗,除夕年夜饭过后,大人就开始炒瓜子、花生、蚕豆;瓜子花生是准备新年给客人吃的,只有蚕豆可以分给大家。小孩子分到蚕豆后,一边吃,一边还做掷豆的游戏(实际上是赌博)。蔡元培曾在一首和《知堂五十自寿诗》中有句云:"六幺轮掷思赢豆(吾乡小孩子选炒蚕豆六枚,于一面去壳少数,谓之黄,其完一面谓之黑,二人以上轮掷之,黄多者赢,亦仍以豆为筹码)。"我在七十年前也曾在故乡玩过,但如没有蔡先生的诗,实在也早已忘记。

【译文】

大门上的门神已经撤换,
瓶花烛台的摆设感觉也很新鲜。
炒蚕豆一盘俗称漏凑,
一大锅冷饭留到新年。

周斌,自号汾南渔侠,清末民初嘉善陶庄(古名柳溪)人。为南社社员。汾湖介江浙两省之间,一水中流,南是柳溪,属浙江省嘉善县;北为胜溪,属江苏吴江县(今苏州市)。《柳溪竹枝词》正续编共一百五十首,卷首有汤寿潜、胡朴庵、陈去病、柳弃疾等人的序,并有题词百余篇。自序作于1915年,他说:"柳溪俗尚吴趋,元明以来,名人辈出,异闻轶事,尤有存者。就野乘之杂记,父老之传闻,舐笔直书。"末署"乙卯仲春周斌自叙于柳溪之妙员轩"。

304. 薄荷冰浸石华鲜①

薄荷冰浸石华鲜,风飐凉篷日影圆②。
郎解渴时需井水,侬家藏得德恭泉。

① 选自清周斌《柳溪竹枝词》(民国铅印本)。原注:"德恭泉井,其泉清冽香美,暑月置食物经宿而味不变,俱详《弘治府志》。考其遗迹,似在三清殿中。"石花:通称石花草或石花菜。红藻门,石花菜科。为中国黄海、渤海、东海常见种类。供食用,也是提取琼胶的主要原料。石花的制法,周作人在《儿童生活诗补》二十三"一盏盛来琥珀光,石花风味最清凉"注云:"石花熟捶,拣去贝壳沙石,洗净煮汁,用井水镇使冻结,加糖醋食之,为夏日消暑佳品。"薄荷:草名。茎叶有异香,入药,可制薄荷油、薄荷脑等。

② 飐(zhǎn):风吹物动。凉篷:凉棚。

【译文】

冰凉的石花加上糖水薄荷,
这样的美食只有凉亭里有。
郎如口渴千万别喝那井水,
我家藏有德恭的清泉让你喝个够。

305. 星星蟹火簖横斜①

星星蟹火簖横斜，薄雾溟濛月不华②。
小市团尖须尽紫③，栅南一路响爬沙④。

① 选自清周斌《柳溪竹枝词》(民国铅印本)。原注："汾湖蟹最佳，各处皆白须，惟汾湖紫须。出《嘉善县志》。汾湖蟹簖南栅最大。"夜里用簖捉蟹，民间谓之短蟹。另有"短路强盗"一语，短路意谓拦路抢劫。簖(duàn)：注见前第271首。

② 溟濛：模糊不清。亦写作"冥蒙"。有"溟濛雨"，即毛毛雨。细雨使视线不清。元张昱《可闲老人集》二《船过临平湖》诗："只因一霎溟濛雨，不得分明看好山。"华：光彩，光辉。《淮南子·地形》："其华照下地。"《注》："华，犹光也。"

③ 小市：疑是地名。团尖：蟹有团脐、尖脐两种。注见前第197首。紫：注见前第271首。

④ 爬沙：指动物爬梳沙土，行进之貌。唐韩愈《月蚀诗效玉川子作》："爬沙脚手钝，谁使女解缘青冥？"爬，亦作"杷"。

【译文】

一星星的火光照耀着蟹簖，
白色的迷雾冲淡了月光。
小市的螃蟹浑身紫黑，
蟹阵来时只听得一片沙沙响。

306. 春残水果价逢廉①

春残水果价逢廉，紫李朱樱抵蜜甜②。
煮酒青梅酸太甚③，教郎须掺一星盐④。

① 选自清周斌《柳溪竹枝词》(民国铅印本)。原注:"镇多水果摊,有盐拌青梅,味甚佳。"春残:即残春,或曰春末。
② 紫李朱樱:李子与樱桃。
③ 青梅煮酒:古代一种煮酒法。宋晏殊《珠玉词·诉衷情》:"青梅煮酒斗时新,天气欲残春。"
④ 搀(chān):同"搀"。杂。

【译文】

> 春末的水果价格低廉,
> 紫李朱樱跟蜜一样甜。
> 青梅煮酒酸得太厉害,
> 教郎必须搀加一点盐。

307. 迎虎迎猫典不刊①

迎虎迎猫典不刊,青苗赛会鼓声欢②。
如何秋报春祈意,当作驱邪逐疫看。

① 选自清周斌《柳溪竹枝词》(民国铅印本)。迎虎:古八腊之一。迎虎神而祭。《礼记·郊特牲》:"迎虎,谓其食田豕也,迎而祭之也。"迎猫:古八腊之一,迎猫神而祭。《礼记·郊特牲》:"迎猫,谓其食田鼠也。"典:即"典册"。记载典章制度等的主要书籍。不刊:古代文书刻于竹简,有错就削去,叫刊。不刊,就是无须修改,不可磨灭。
② 青苗:浙江有青苗节,多在立秋前后,迎神赛会,以保佑庄稼人畜安康。

作者以为青苗节的原意是"春祈秋报",与"驱邪逐疫"没有关系。我曾在小文《故园杂草·青苗节》中说:"过去田稻一年一熟,到立秋相近,田稻已经基本长成,除了有时要戽一点水外,再不要下田去干活,所以叫作'上岸'。但也不好疏忽,如水灾、旱灾、风灾、虫灾,都随时可以发生,人畜也容易遭到瘟疫的袭击。那时科学不发达,人又迷信,所以就有了'驱邪逐疫'的青苗赛会了。"

【译文】
　　　　　　迎虎迎猫的旧典不容改变，
　　　　　　青苗赛会尽乐极欢。
　　　　　　原是答谢天地的春祈秋报，
　　　　　　如今却当作驱邪逐疫看。

308. 土园新笋透泥尖①

土园新笋透泥尖，蚕豆青青芥菜添。
醉后恐防郎口渴，鲜红桑葚手亲拈②。

　①选自清周斌《柳溪竹枝词》（民国铅印本）。原注："土园笋、青蚕豆、芥菜，皆春间本地产，甚佳。"土园：自家菜园。亦犹杜园。
　②桑葚(shèn)：桑子，桑树的果实。葚又写作"椹"。拈(niān)：用两三个手指头夹取。

【译文】
　　　　　　青青的蚕豆刚刚上市，
　　　　　　后园的毛笋露出了尖尖头。
　　　　　　我怕你喝多了酒口干舌燥，
　　　　　　抓一把鲜红的桑子润润喉。

309. 四腮缩项漫相夸①

四腮缩项漫相夸，二月东风上菜花。
休捕坐鱼撄法网②，有人门外送冬瓜。

　①选自清周斌《柳溪竹枝词》（民国铅印本）。原注："四腮鲈出松江。缩

项鯿此乡亦有。菜花鱼即鲈之异名,春间最美。南宋禁食田鸡,呼为坐鱼。捕者剖冬瓜实之,名为送冬瓜。见孙燕昌《魏塘竹枝注》。"腮:此指"鳃"。

② 撄(yīng):触犯。

【译文】

> 人们对鲈鱼鯿鱼大加赞美,
> 菜花开时还有其鲜无比的青蛙。
> 门外有人"送冬瓜",
> 只是讳言田鸡怕官府要追查。

沈云,字秋凡,清末民初吴江(今属江苏苏州)盛泽镇人。所著《盛湖竹枝词》,与《盛湖杂录》合刊。自序作于民国六年,有柳弃疾、陈去病、范烟桥等人题词。上卷咏人物、古迹、名胜。下卷咏物产、风俗、近事。注引《松陵诗征》、《舜湖纪略》、《盛湖诗萃》、《松陵文选续纂》等书。有民国七年铅印本。

310. 北通莺脰又分湖①

北通莺脰又分湖, 紫蟹银鱼味绝殊。
何似入春乡味好②,燕来新笋菜花鲈。

① 选自清末民初沈云《盛湖竹枝词》(民国七年铅印本)。原注:"莺脰湖在平望界,产银鱼;分湖在梨旦界,产紫苏蟹,俱有名。而盛湖所出银鱼,润溪所出蟹亦与之垺。笋之早者曰燕来。菜花时有鱼名土附,其形似鲈,俗呼菜花鲈。"莺脰(dòu):湖名。脰,脖子;颈。
② 乡味:故乡的食物。唐元稹《春分投简阳明天作》:"乡味尤珍蛤,家神爱事乌。"

【译文】

北面通向莺脰湖和分湖,
著名的特产有紫蟹与银鱼。
哪有本地的土产好啊,
春笋之外还有菜花鲈。

311. 半畦腴翠曝茅檐①

半畦腴翠曝茅檐, 秋末晚菘霜打甜。
郎踏菜时双白足②,教侬多糁一星盐③。

① 选自清末民初沈云《盛湖竹枝词》(民国七年铅印本)。原注:"晚菘俗呼青菜,亦曰八月菜,以盐腌之,经旬而熟,味极可口。"菘(sōng):古书上指白菜。周遐寿在《鲁迅的故家·厨房里的大事件》中有详细说明:"将白菜切了菜头(俗语有专门名词,大概应该写作帝字加侧刀,读仍作帝,)晾到相当程度,要放进大缸里去腌了,这时候照例要请庆叔,先用温水洗了脚,随即爬入七石缸内,在盐和排好的白菜上面反覆的踏,每加上一排菜,便要踏好一会儿,直到几乎满了为止。"腴翠:绿油油、胖果果。腴,肥,丰满。

② 白足:即俗所谓光脚。

③ 糁(sǎn):以米和羹。这里是指将盐撒在白菜上。

【译文】

　　成片的白菜摊晒在阶檐边,
　　经过霜打后滋味就更甜。
　　郎踏菜时赤着脚,
　　还教我多撒一把盐。

312. 汤家汇里斗山歌①

汤家汇里斗山歌,信口成腔音节和②。
借问歌中何所有?燕私语杂别离多③。

① 选自清末民初沈云《盛湖竹枝词》(民国七年铅印本)。原注:"汤家汇在东庙前。中元前一夕佣作少年与拽花儿夹岸赌唱山歌,达旦乃止。其唱法则高其音而以悠缓收之,清而不靡,其音近商,其体多赠答之词,其词多燕私离别之事,其旁引曲证假物借声之法,淳朴纤巧,无所不全,不失乐府本旨,殊令听者移情。本《舜湖记略》。"斗:竞胜,比赛。《史记·项羽本纪》:"汉王笑谢曰:'吾宁斗智,不能斗力。'"山歌:民歌的一种。古水调、竹枝、柳枝,都是民歌或文人模仿民歌的作品。一般为七言四句,间或衬添一二字。唐白居易《江楼偶宴赠同座》:"江果尝卢橘,山歌听竹枝。"

② 信口:出言不假思索。唐白居易《答故人》诗:"读书未百卷,信口嘲风花。"

③ 燕私:在寝室安息。燕私语,犹男女之间的私房话。

【译文】

汤家汇里举行赛歌会,
随口唱唱都令人陶醉。
请问歌中唱了些什么?
男女私情外加难分难舍。

孔庆镕(1871—1932)，字剑秋，祖籍浙江衢州，落户扬州（今属江苏）。曾主持清末民初的冶春后社。著有《心向往斋谜语》、《竹西后社谜选》等。

313. 恭喜声声语吉祥①

恭喜声声语吉祥，崭新已换旧衣裳。
却从门缝投名刺②，真个人情纸半张③。

① 选自清末民初孔庆镕《扬州竹枝词》(《扬州风土词萃》)。恭喜：为"恭贺新禧"的缩简。
② 名刺：名片。
③ 人情纸半张：即"秀才人情纸半张"。清吴敬梓《儒林外史》十四回："又合着古语说，'秀才人情纸半张'。"

【译文】

嘴里说着恭喜恭喜的吉利话，
旧服装改换成簇新的新衣裳。
从门缝里塞进一张名片去，
真所谓人情只值纸半张。

314. 豌读为安谐俗韵①

豌读为安谐俗韵，熬成稀粥保平安。
岁除卖到春三月②，夏至何妨再一餐。

① 选自清末民初孔庆镕《扬州竹枝词附录六首》(《扬州风土词萃》)。

②岁除:旧俗以腊岁前一日击鼓驱疫,谓之逐傩、逐除。亦称傩、大傩。故后以年终之日为岁除。

杭州从前也有卖豆粥的,称为"寒豆儿糖粥"。平时称豌豆为寒豆,小孩子则称圆圆豆,因为豌、寒、圆都是同一个韵。取燥豌豆(嫩的不香)与糯米同煮,放糖,糁以紫素,挑担在沿街叫卖。有儿歌云:"笃笃笃,卖糖粥,哪个伢儿哭,就要捉。"可见也有敲竹梆作为号召的。不过豌与安谐韵、吃了可以保平安,则这不曾听说过,所谓开卷有益,所以也很有意思。

【译文】

豌字与安字的韵相同,
熬成粥吃可以保平安。
从腊月卖到来年春末,
夏至也不妨再来一碗。

附　录:往昔三十首　思衡

一　衡阳市

往昔出远门,迢遥三千里。
细数所到处,衡阳最可忆。
城市不算大,清洁复整齐。
一江分南北,大桥作联系。
小屋临水边,莳花有余地。
市场供应好,卜筑正相宜。
惜我俗累多,去住不由己。
何故南来雁,到此无留意?

【译文】

　　衡阳城在湘江西岸,东岸的新城是铁路开通后开辟的,原是江边的一片沼泽地。居民以铁路工人居多数。大概工房不敷应用,所以就利用铁路上的废弃材料自己动手搞建筑。有的把屋子建在小山坡上,有的从池沼中填起一个"小岛",除了一间小小的卧室,还留出屋面前的一点空地,种花之外,就放上一张小桌子,下班回来,就坐在这里喝茶、聊天、饮酒、用餐。

二　同学周

往昔有好友，吾怀同学周。
朝夕三五载，情比手足厚。
今日重相见，阔别廿年后。
问旧半成鬼，我复更何求。
五月游龙井，白雾迷山头。
陇上桂未黄，洞中烟霞稠。
非为口渴故，有茶话便久。
明日隔山岳，恋恋又十秋。

【译文】

　　进大学后，我住在文昌桥学生宿舍里，门牌为"四舍一一三"。同房间五个人（本来还有一个姓韩的同学，不久因为参军离开了学校），来自不同的四个省：江西胡彬陶、安徽王继能、江苏周勋初、浙江顾黄初和我。年轻人容易相处，所以很快就成了好朋友。我为本诗写附记时（2014年底），除了周勋初和我，其余三位都已先后离世，所谓硕果仅存，能不备感珍惜乎？

三　黄梅雨

往昔萧山住，吾爱黄梅雨。
绿色满庭院，飘洒似丝蛛。
小孩所喜爱，恒同大人殊。
青山带雾气，白水入湖渠。
锦鳞竞斗争，最健是潮鱼。
头戴小笠帽，身穿短衣襦。

不顾父师骂,哪管塾中书。
欢声四面合,共向湖上趋。

【译文】

　　日本近松秋江有一篇《梅雨》,写的与中国江浙的情况差不多。他说:"乡间麦熟的时候,接着开始养田,五月梅雨连下了好几天,将近断水的小川里,有水草杂流。田圃的小沟里,也凉凉地流满了水。这样的时候,很大的鲋鱼,忽然迷途,游到水田边畦道的水塘里来,到水退后,便泼泼地跳跃。见着了就捉在手里,那时的快乐,是不会忘记的。"

四　大禹陵

往昔喜游览,山水入膏肓。
每怀越城古,今到东昌坊。
戒珠寺门黑,沈园柳色黄。
惟有大禹陵,来去忒匆忙。
出门东南行,遥指庙下庄。
殿台甚高峻,展眼颇雄放。
石纽在墙外,禹穴落芜荒。
子孙有姒姓,遗迹恐非妄。

【译文】

　　戒珠寺在绍兴城内蕺山南麓,原是大书法家王羲之的故居,后来舍宅为寺。我到绍兴是在"文革"之后,许多景点都还没有"拨乱反正",戒珠寺仍在轧着煤球,沈园也为竹器厂所占领,大禹庙可能是因为远在城外,还不曾移作他用,但也荒芜得可以。在十年动乱期间,人们为红卫兵"打砸抢"的锣鼓敲得头昏脑胀,哪里还顾得上这个曾经救民于滔滔洪灾的治水英雄的祠庙呢?

五 《西游记》

往昔读小说,吾弗重西游。
翻过两三遍,看法还依旧。
神仙无异能,妖魔老一手。
唐僧太迂腐,苦头吃不够。
猴子虽机灵,动辄翻觔斗。
唯有猪八戒,粗语把人逗。
玩笑莫当真,作剧随猴头。
一路好耍子,不愧称西游。

【译文】

我读《西游记》,常联想到浙东的目连戏,因为都是借佛教做由头的。十六弟子之一的目连的母亲刘氏不信佛法,以狗肉馒头斋僧,受到佛菩萨的惩罚,被打入地狱。目连想救她出来,经历了千辛万苦,不过他遇到的不是妖魔鬼怪,是社会上的种种怪事,而且多用当地老百姓的语言来叙述,很富于讽刺和幽默。我说猪八戒爱说粗话,就是指绍剧《三打白骨精》而言。

六 镇江市

往昔在南京,常过镇江市。
偶然遇暴雨,交通为阻滞。
缅怀白娘娘,水漫金山寺。
名物有米醋,发意或在斯。
此地多陈迹,历历古人诗。
金焦江边立,宛如两卫士。

灯火认瓜洲，南北夜渡时。
何日登北固，凭栏畅幽思。

【译文】

　　镇江在长江边上，地势较低，遇到暴雨或长江水涨，就会有"水漫金山"之虞。那年暑假我坐火车从南京回杭州，到镇江就遇上了这种情况。火车不敢快开，只能缓缓地"淌"，真比人步行还慢。年轻的旅客感觉到气闷，就纷纷跑下火车去跟着它走，有的还用手推着火车，希望能为它助一臂之力，可以跑得快些。我现在回想起来，真觉得怪可笑也是怪有趣的。

七　买旧书

往昔有余钱，常跑旧书库。
拣回一大叠，俱是奇与古。
西洋有谚语，书不同妇女。
将缣与素比，新人不如故。
世人难理解，更为妻所怒。
怒则由她怒，我还买我书。
教书是职业，杂览得好处。
分道且扬镳，终归是一路。

【译文】

　　逛旧书摊有如逛街、逛公园，但又稍有不同。逛旧书摊总带着有所得的目的前往，所以心里是乐滋滋的。要是从书摊上突然发现一本好书，有的还是向往已久的，这时候的喜悦就更是非同小可，不是立刻伸出手去抓了过来，还紧紧地挟在腋下，就是拿了它赶紧跑去与摊主论价付款，好像迟一步就会被旁人抢走似的。这与商店里购物不同，因为好书就往往只此一册!

八　仓前河

往昔学务农,地近仓前镇。
人称鱼米乡,迩来更丰稔。
小屋背塘河,橹声彻夜闻。
昨日梦初回,疑似在富春。
有事赴余杭,扁舟系后门。
一叶飘然去,乘月宜黄昏。
鱼儿傍岸游,丁冬紫桑椹。
偶尔抬头望,灯火明远村。

【译文】

　　仓前镇在仓前河北岸,是标准的江南鱼米乡。农民喜欢倚河建房,屋都不高,大抵两层,掩隐在桑园、竹林、柳树当中。出门就是埠头,柳荫下还系着一两条小船,无论上街、出畈、走亲戚,它都随时听从人使唤。南宋杨万里有一首《舟过德清》诗:"人家两岸柳荫边,出得门来便入船。不是全无最佳处,何窗何户不鲜妍。"正可以一字不改的移用在这里。

九　吉祥寺

往昔在富阳,难忘吉祥寺。
废寺即馆驿,宋人有日志。
朝发余杭镇,暮抵富阳市。
明日或解缆,万里始于此。
寺后有鹳山,形似鸟展翅。

山上何所有？血衣冢在兹。
巍巍郁曼陀，诗人兼画师。
更有郁家楼，凭栏寄哀思。

【译文】

郁华字曼陀，文学家郁达夫的大哥、画家郁风的父亲。郁华是一个刚正不阿的法官，在敌伪时惨遭杀害，有"血衣冢"在鹳山之阳，"文革"时被"红卫兵"捣毁。墓由于右任篆盖，郭沫若撰文，马叙伦书写，因为连墓中人在内都是一代名人，所以我曾称之为"四名士墓"。吉祥寺后面半山腰还有一座中式楼房，面对富春江，也是曼陀家的，俗称"郁家楼"，现在不知道还存在否？

十　卖花女

往昔武林住，恒见卖花女。
百花开时节，日日落夜雨。
五更声淅沥，安然得宽徐。
岂知推窗望，匆匆人来去。
天色灰蒙蒙，雾气满街衢。
人称养花天，多谢上帝煦。
时有卖花者，啁啾如鸟语。
栀枝最白皙，杏花特妩腴。

【译文】

杭州有句谚语："清明前后落夜雨。"夜里落雨，天亮雨止，轻阴微云，对花卉大有好处，所以俗称养花天。吴自牧《梦粱录》有《暮春》一节，在列举二十七种花名之后说："卖花者以马头竹篮盛之，歌叫于市，买者纷然。"陆游在《临安春雨初霁》诗中也说："小楼一夜听春雨，深巷明朝卖杏花。"写的都是这时候的情景。这种养花爱花的良风美俗，少说说可以追溯到南宋。

十一　《水浒传》

往昔读说部，吾最爱水浒。
好汉百零八，水泊梁山住。
厅前论武艺，山后磨刀斧。
一声号令下，驱敌猛于虎。
可恨及时雨，人与名不符。
带头受招安，狠毒如屠夫。
英雄重义气，至死不念恶。
梦聚蓼儿洼，掩卷岂忍读。

【译文】

官逼民反，一些有勇力者就聚集在水泊梁山，打着"替天行道"的旗号，大为老百姓所拥护。明人盛于斯在《总批〈水浒传〉》中说："读之令人喜，令人怒，令从涕泗淋浪，复令人悲歌慷慨。"所谓悲歌慷慨，大概就是指梦聚蓼儿洼一章。但是小说也不能违背历史，所以《水浒传》终久还得以"招安"为结束。更何况，"施耐，元人也，而心忠于宋"。所以《水浒》实际上并非"诲盗"之作。

十二　小猪坞

往昔至壶源，常经小猪坞。
山区多水流，流急船也无。
壶源十八渡，渡渡要脱裤。
尔来辟公路，出入如庭圃。

坞口有石桥，苍然最古朴。
白水过桥洞，掩映岸草绿。
野桃系自生，风吹花簌簌。
牧童桥上坐，宛然一画幅。

【译文】

小猪坞在古城村对岸。有一天，村上人看见坞里跑出来一大群小猪，后面还跟着个老头儿，手里拿着根鞭子。"啊呀！哪里来这么多小猪？"但是跑到对岸去一看，哪里有什么小猪，只有一块块黑色的石头，堆放在溪边。大家也许有点失望，但是终于悟出了一个道理：利用这些石头建造桥梁。桥造好了，就以小猪坞命名。这座石桥现在还在，去年（2014）我还特地去看过它一回。

十三　豁蒙楼

往昔住金陵，常上鸡鸣寺。
佛地最清净，闲来避闹市。
旁有豁蒙楼，前人多题诗。
凭栏眺后湖，泡茶食干丝。
山下有枯井，其名曰胭脂。
隋师入北门，宫中尚不知。
三人来井边，大难相扶持。
生死毋相忘，莫道官家痴。

【译文】

鸡鸣寺就在学校后面，豁蒙楼又在鸡鸣寺内。楼以杜甫"忧来豁蒙蔽"的诗句为名，三面玻璃窗，便于喝茶、聊天。胡适之也曾在这里与朋友喝过茶，还写有《晨星篇》一诗。三十年后，我们三个同学在南昌再度相聚,虽然各人的遭际不同,但都已是"归来华发苍颜",所以不免有许多感慨。但是当有人提到豁蒙楼上喝茶说大话的事,就正像《晨星篇》诗中所说:"只觉得许多诗意。"

十四　模范文

　　往昔买旧书,爱读模范文。
　　作者非大家,尽是小学生。
　　多数已忘却,一篇写情僧。
　　失足入空门,借管传旧恨。
　　家住灵岩山,仲夏草木深。
　　浴罢至湖边,着体晚风轻。
　　远远闻笛声,悠悠驻足听。
　　最是月明夜,咽噎不敢闻。

【译文】
　　小学毕业那一年,我到新民路的旧书店去买了一本《小学模范作文》,其中有一篇"我的故乡",说他家是在苏州灵岩山下的一个村子里,村边有一个湖。一天傍晚,他跟他的表哥在湖边散步,听到一阵笛声从湖面上飘来。表哥说:"是谁吹的?怎么这样凄凉!"原来有个年青人,因为失恋,就在灵岩寺出家。可是他又不能忘情,所以每到月色迷蒙的夜里,就吹起那管凄凉的笛子来。

十五　小耳朵

　　往昔住下城,巷名曰忠清。
　　汤家有奶奶,与我是贴邻。
　　为人最好客,彼此认乡亲。

往来多馈赠,不惟菜与饼。
大儿非己出,夫妇俱孝敬。
见母出门归,相对笑盈盈。
幼儿胎里疾,左耳与颊平。
绰号小耳朵,淘气更闻名。

【译文】

　　我母亲与右邻汤奶奶最相得,大概与同乡有关系。凡有什么好吃的,如时新水果、菜蔬之类,汤奶奶总是装在碗里面,从后天井的竹篱笆上面递过来。母亲新来乍到,对杭州的情况很不熟悉,所以就常常请教汤奶奶。不久,抗日战争爆发,我们最先搬回老家去住,所谓"大难到来各自飞",也不知道汤家作何打算？只有母亲,一直到后来还念叨着:"汤奶奶现在不知道怎样了？"

十六　郁达夫

往昔在富阳,吾怀郁达夫。
小说早名家,诗歌出肺腑。
日记共九种,多与事不符。
亦有真实者,读书半夜过。
长年遭酒色,呃呃不得吐。
一气走南洋,情多反成妒。
身着犊鼻裙,俨然一俗贾。
终竟因正义,乃遭杀戮苦。

【译文】

　　我到富阳是1956年春天。不久,"反右"开始,郁达夫的长子天民君就"下放"到故乡。天民君极像他父亲,又善谈,所以我从他那里听到过不少有关他父亲和富阳乡贤的故事。达夫的前妻孙荃老太太还健在,时常坐在达夫弄口豆腐作坊的门口看街景。达夫的二哥养吾先生是个西医,又跟乃弟一样嗜酒,所以我几乎每天看到他拎着一篮小菜、外加一瓶老酒,从我的门口经过。

十七　邵素卿

往昔住陋巷,髫年识素卿。
同学共两载,邻居达三春。
有床固未绕,无梅竹正菁。
欢笑欠自若,顾盼有余情。
正值黎明日,忽闻霹雳晴。
父死奔丧回,逼迫入穷境。
城居大不易,扶母觅乡亲。
素衣何轻倩,秋水怀伊人。

【译文】

素卿的父亲原是上海《申报》的记者,抗战时搬到杭州居住。有一个时期他在郊区凌家桥摆摊,每半个月回来一趟,总是风尘仆仆的。他每次回家,必定先洗澡,再理发,然后就衣冠楚楚地蹲在墙角边,为花木忙上好半天。嘴里含着一根烟卷,还咿咿唔唔地哼些小曲子。当时,《秋水伊人》流行,他也爱唱:"只有你那留下的女儿呵,来安慰我这破碎的心!"柔声柔气的,感情相当投入。

十八　来春鸟

往昔读诗文,关心花与鸟。
鸟身自为主,飞鸣在林梢。

古来作禽言,哀多欢乐少。
人间多怨苦,声声似呼号。
西洋称使者,夜莺啾啾叫。
发痴为爱情,萨波留残稿。
我有来春鸟,宛转出雏窠。
面目诚可憎,报春立功劳。

【译文】

西洋称夜莺为"春天的使者";中国没有夜莺,却有"来春鸟"。有一天冬至过后,我跟一个老农站在屋边闲聊,忽然听到骨碌碌一声,从远远的田野间传来。他说:"你听,来春鸟都叫了!"意思是时间已经不早。我问这是什么鸟,他说是小猫头鹰。我想,猫头鹰在民间的口碑并不怎么好,但是这一回因为报春有功,就把这样好的一个名字送给它,足见老百姓偿罚分明。

十九 诗之余

往昔诵乐府,吾爱诗之余。
晚唐虽妩媚,不若北宋姝。
苏轼与秦观,风格相悬殊。
有意绕郴山,无心作艳句。
屯田柳三变,长调推鼻祖。
身后颇寂寞,青楼得知遇。
更有黄庭坚,书卷兼粗语。
城楼雨濯足,借此消酷暑。

【译文】

黄庭坚长于诗,晚年与苏轼齐名,称为"苏黄"。但遭遇之惨,也与苏轼不相上下。陆游在《老学庵笔记》中说："范寥言：鲁直至宜州，州无亭驿，又无民居可僦，止一僧舍可寓，而适为崇宁万寿寺，法所不许，乃居一城楼上，亦极湫隘，秋暑方炽，几不可过。一日忽小雨，鲁直饮，薄醉，坐胡床，自栏楯间伸足出外以受雨，顾谓寥曰：'信中，吾平生无此快也。'未几而卒。"

二十　二皇陵

往昔在南京，得游二皇陵。
词家有后主，父祖冢相邻。
信马扬虚鞭，漫步入羊径。
春风正料峭，墓草已青青。
祖堂山南麓，埋骨借山岭。
规模不一样，国势甚分明。
曾读五代词，摊破最凄清。
多少游吊者，纷纭说李璟。

【译文】

游罢二陵，我们回到马车停歇处东善镇，时间还不到下午四点，可是马车夫还是嫌我们来得太晏。他说他的马不惯在外面过夜，看看天色将晚，就急着想要回去。我们赶紧上车，人未坐稳，马就昂起头，飞一般地向南京方向奔去。我们回过头去看看刚才拴过马的地方，果然跑起了一大堆泥。这时候，我就想起屈原在《离骚》中说的两句话："仆夫悲余马怀兮，蜷局顾而不行。"

二一　鸡笼山

往昔富阳住，尝游鸡笼山。

苍苍草木深,潺潺溪水喧。
其地出伞骨,杭州美绸伞。
但知绸伞美,不晓制作难。
工人着地坐,双脚伸泥潭。
自幼理此业,未老背先弯。
或因水土故,居人多和善。
婉娈二八女,白皙最婵娟。

【译文】

鸡笼山在富阳城东约二十里处,是一个山明水秀的小山村,那里居住着朱、陈、戴三姓的人家。村民除了务农,还做些竹器出售,如绸伞骨就是特别有名的。他们有句俗语,叫作"吃的岭头水,烧的滚来柴"。意思是说:吃的水是从山上用竹笕引来,既清洁,又便当;上山去砍柴,也不必花力气挑下来,只要捆好了用脚一踩,它就骨碌骨碌地滚到后门边。

二二 诸葛亮

往昔读三国,吾爱诸葛亮。
诸葛不是姓,陇中非故乡。
避乱樊襄间,长吟心不畅。
会逢刘备请,欣然赴疆场。
当时何所有?诸葛刘关张。
苦营几十年,始多兵与粮。
北伐功难成,原因非我详。
鞠躬至尽粹,此意可表扬。

【译文】

在历史人物中,我佩服诸葛亮。别的不说,光是那篇出师表,读了想不为之感动就办不到。至于"北伐功难成",原因很多,大概地小人寡是主要原因。清人刘献廷在《广阳杂记》中有一段话说得很好:"孔明之出祁山,以攻为守者也。隆中已知天下大势终于三分矣,而出师不已者,不如此,欲求三分,不可得也。譬之弈棋,能侵入,始能自治,否则坐而待之耳。"

二三 《囚绿记》

往昔读散文,吾重囚绿记。
作者陆圣泉,笔名曰陆蠡。
七七事变后,烽火满北地。
迢迢至北平,翻译门紧闭。
窗外藤常绿,拉来案上系。
明日仔细看,枝叶带黄意。
在我离去日,还尔自由期。
言语虽平淡,仿佛有谶理。

【译文】

陆蠡殉难后,朋友们都很怀念他。有一个名叫怀玫的在《忆陆蠡》中写道:"有一次他忽然不见了,大家急得到处去找他。过了几天接到一封信,才知道他已经悄悄地溜到了北平。他在那里寄住在一家公寓里,上午出门游览,下午关起房门来译书。三个月后挟着一大包稿子回到上海来,这就是日后出版而得到许多读者的《烟》。"这是《烟》的背景,也是《囚绿记》的背景。

二四 嫩白桃

往昔在富阳,久住城关镇。

前江碧滔滔，后山绿荫荫。
城北有马路，直连花坞深。
两边植桂花，引我入山村。
山中果木多，桃李出嘉品。
黄金颜色好，玉露味欠醇。
惟有嫩白桃，鲜洁过小铃。
选取十余枚，赠送西厢人。

【译文】

花坞在富阳城北群山中，旧有《春江八景》，"花坞夕阳"就是其中之一。坞并不深，村居也颇寥落，但所谓"花坞白桃"，也就出产在这里。据说从前有个县长，爱上了坞里的一个姑娘，为了行走方便，就特地造了一条马路，并在路边种上桂花。我不知道这个县官姓甚名谁，也不知道他是娶妻还是纳妾，但比较起来还是要算透明大方的。这条马路现在已非旧观，但名称还在：桂花马路。

二五　阿里兴

往昔阅小说，吾怀阿里兴。
曾读大学书，文字通法英。
归来理田庄，躬耕受苦辛。
细雨微风夜，寂寞更凄清。
后遇友人妻，情爱日日深。
安娜难矜持，相思成病因。
易地去疗养，临别情不禁。
一决悔泪多，哀哀动人心。

【译文】

阿里兴是契诃夫小说《关于爱情》的主人公，说的是他与安娜婚外恋的故事。两人爱慕已久,只是一直不曾说破,直到有一天安娜因相思而得病,需要易地去疗养,这才把心中的苦水倒了出来。他送安娜上火车:"我最后吻她一下,握一握她的手,就此永远分别了。"古诗云:"曲终人不见,江上数峰青。"留给读者的,恐怕也只有这一片淡淡的哀愁而已。

二六　姑恶鸟

往昔在越中,吾常听传奇。
最喜断桥会,沈园更凄迷。
诗人有嘉耦,母为分连理。
一阕钗头凤,千古动天地。
夜雨鸣姑恶,起坐独支颐。
哀哀何所似?如闻唐氏妻。
谨谢后世人,莫任姑恶啼。
姑恶有时啼,此恨无尽期。

【译文】

明人毛晋题《放翁题跋》之七云:"按放翁初娶唐氏,闳之女也,伉俪相得,弗得于姑,出之,未忍绝,为别馆往焉,姑知而掩之,遂绝。"陆游有《夜闻姑恶诗》,"虽非禽言而意特悲凉",如其中云:"湖桥南北烟雨昏,两岸人家早闭门。不知姑恶何所恨,时时一声能断魂。"知堂曾作《姑恶诗话》,把诗与《钗头凤》联系起来,他以为这可以看出放翁的真性情,所以很使人感动。

二七　文昌桥

往昔赴南京,负笈文昌桥。
地以桥为名,恐系出六朝。

当年金粉多,今已成污漕。
宿舍在桥东,朝出晚睡觉。
两边列铺肆,均为学生造,
亦食资产饼,更喜是面条。
书店有柳花,生意最行销。
胡师题匾额,抬头仔细瞧。

【译文】

学生宿舍在四牌楼东面,据说是抗战胜利后建造的,原来是一个小农场。尽管有小铁路从那里通过,但田野的旧貌还是处处可见,道路浟滥、两旁店铺简陋就是证据。店铺以饮食居多数,集中在靠近宿舍的北端,文昌桥在南端,名称很古,却是用木头铺成的,"柳花书店"就在桥边。我进"南大"时书店已经关门,只有胡小石师题的店名还清清楚楚地留在那粉白的门楣上。

二八　金沙港

往昔在岳坟,求学金沙港。
周遭环西湖,四时异景光。
前后共两载,远近任游逛。
自然若大书,页页好文章。
闲步上苏堤,絮语入康庄。
曲院虽虚设,荷风似往常。
更有西边地,芦荻何莽莽。
浅水摘莲蓬,深草捉迷藏。

【译文】

我在杭州上过四所学校,印象最深的是金沙港的市立中学,理由很简单,因为那里风景好。可惜后来的变化太大,除了留在我脑子里的,已经很少能找得到它原来的风貌。那条自西北而东南的小溪还在,但也已经不是当年的"吴下阿蒙",所以见了面也毫无所谓似曾相识之感。真如明人张岱在《西湖梦寻》序中说:"谓余为西湖而来,今所见若此,反不如保我梦中之西湖,尚得完全无恙也。"

二九　纪晓岚

往昔喜杂览,难忘清纪昀。
四库虽有名,烟瘾更超群。
佼佼蒲留仙,牢骚满腹中。
讥世借狐鬼,首者推此君。
晓岚续余绪,志趣颇不同。
处处言果报,事事说阴功。
篇幅虽短小,文字却清通。
披沙拣金屑,辛苦岂无用。

【译文】

以文学论,纪晓岚的《阅微草堂笔记》不及蒲松龄的《聊斋志异》,但就文章而言,《笔记》也有它不可及处。诚如鲁迅在《小说史略》中所说:"惟纪昀本长文笔,多见秘书,又襟怀夷旷,故凡鬼神之情状,发人间之幽微,托狐鬼以抒己见者,隽思妙语,时足解颐;间杂考辨,亦有灼见。叙述复雍容淡雅,天趣盎然,故后来无人能夺其席,固非仅藉位高望重以传者矣。"

三十　太平门

往昔在南京,暇时逛城郊。

出入太平门,仰视头落帽。
重车来城外,马鸣风潇潇。
遥想古北口,荒远更寂寥。
峨峨紫金山,青青后湖草。
西子虽秀美,不若此旷渺。
更有城边路,地僻行人少。
卵石铺林阴,白花最幽俏。

【译文】

　　太平门为南京北面东端第一门,在龙广山麓,北向。因为离学校较近,又地处幽僻,所以就常去散步。出城门后左边是玄武湖,右边是紫金山,站在湖边上,真大有豁然开朗之感。玄武湖秀丽不及西湖,但旷渺似或过之。我每临其地,总想起刘献廷在《广阳杂记·快轩》中说的两句话:"江南风景秀丽,然输此平远矣。"玄武湖还没有平远到这种程度,但与西湖相比可以这么说。

图书在版编目(CIP)数据

竹枝词名篇译注/孙旭升著.—上海:上海书店出版社,2015.11

(孙旭升译注系列;4)

ISBN 978-7-5458-1155-1

Ⅰ.①竹… Ⅱ.①孙… Ⅲ.①竹枝词-诗歌欣赏-中国 Ⅳ.①I207.2

中国版本图书馆 CIP 数据核字(2015)第 227220 号

责任编辑　解永健
技术编辑　丁　多
封面设计　汪　昊

竹枝词名篇译注
孙旭升　著

出　　版　上海世纪出版股份有限公司上海书店出版社
发　　行　中国图书进出口上海公司
版　　次　2015 年 11 月第 1 版
ISBN 978-7-5458-1155-1/I·331

www.ingramcontent.com/pod-product-compliance
Lightning Source LLC
Chambersburg PA
CBHW060553230426
43670CB00011B/1807